KB016710

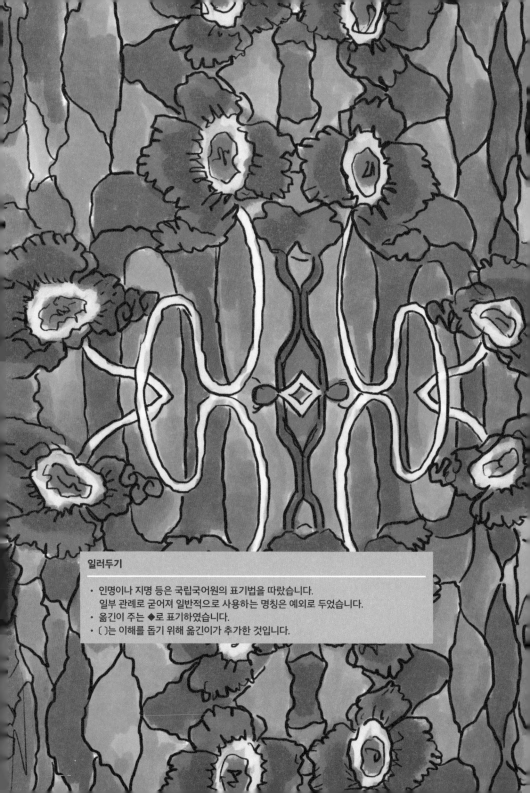

일러두기

- 인명이나 지명 등은 국립국어원의 표기법을 따랐습니다.
  일부 관례로 굳어져 일반적으로 사용하는 명칭은 예외로 두었습니다.
- 옮긴이 주는 ◆로 표기하였습니다.
- 〔 〕는 이해를 돕기 위해 옮긴이가 추가한 것입니다.

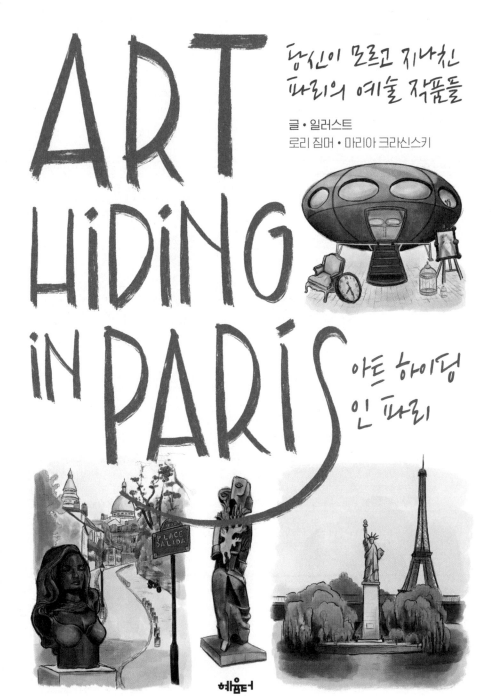

ART HiDiNG iN PARiS

당신이 모르고 지나친
파리의 예술 작품들

글·일러스트
로리 짐머 · 마리아 크라신스키

아트 하이딩
인 파리

혜윰터

for Gary

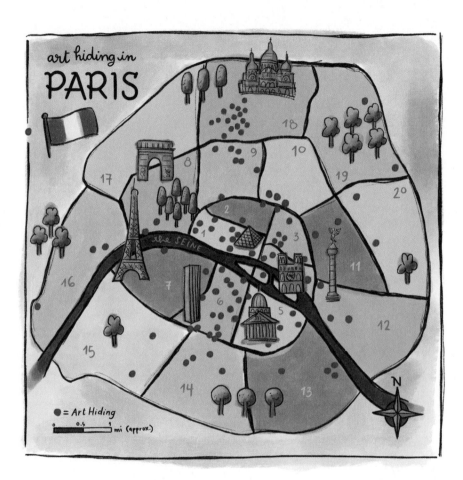

서문

파리에서 예술품을 찾기란 너무 쉬운 일이라, 마치 여러분이 항상 자신의 코끝을 보면서도 미처 인식하지 못하는 것처럼 못 보고 지나치는 것들이 다반사입니다. 게다가 빛의 도시 파리는 훌륭한 박물관과 풍부한 문화, 멋진 건축물, 맛있는 음식(치즈는 말할 것도 없고요)으로 가득한 도시이기도 하지요. 루브르Louvre나 에펠탑Eiffel Tower에 방문하는 것도 파리에서 하루를 보내는 멋진 방법이지만, 시간을 갖고 이곳저곳을 찬찬히 탐험한다면 훨씬 더많은 것을 발견할 수 있습니다. 예술과 그 역사가 깊이 스며든 이 도시에서여러분은 영감을 얻고자 파리에 찾아왔던 여러 예술가의 발자취를 따라 걷거나 그들이 남긴 보물들을 발견하며 하루하루를 보낼 수 있답니다.

살바도르 달리Salvador Dali가 매년 작품을 창작하거나 기행을 보여주기 위해 스위트룸을 빌려 묵었던 호텔에 꾸며진, 그의 예술에서 영감받은천장 아래 앉아 늦은 오후의 차 한 잔을 즐겨 보세요. 오귀스트 로댕Auguste Rodin이 젊은 시절에 조각했던 첫 대표작(힌트: 이 작품은 박물관에 없어요!) 앞에 서 보는 건 어떨까요? 폴 세잔Paul Cézanne이 1901년 작업실을 꾸린 이래

5

로 계속 많은 예술가가 머물며 작업하고 있는 몽마르트의 그 동네를 방문해도 좋고요. 여러분이 좋아하는 예술가가 영면한 장소를 찾아가 그들에게 경의를 표할 수도 있지요.

어디를 찾아야 할지만 안다면 놀라운 걸작들을 발견할 뜻밖의 장소가 더욱 많습니다. 라 데팡스 La Défense의 현대 조각들을 보러 돌아다닐 때는 지하철역에 있는 뛰어난 언더그라운드 예술 작품도 보세요. 파리 전역에 흩어져 있는 아르누보 Art Nouveau 운동의 놀라운 흔적들을 음미하거나 시간을 건너뛰어 도시 예술과 함께 우리가 살고 있는 이 시대의 예술 운동을 경험해 보는 것도 좋습니다.

파리는 예술 애호가들의 꿈입니다. 이 책은 여러분에게 파리가 제공하는 모든 보물에 찾아갈 수 있는 길을 열어 드리겠습니다. 여러분의 눈 바로 앞에 숨겨진 것까지도요.

여정을 시작하기 전에

뉴욕에 대한 저의 애정 어린 편지 《아트 하이딩 인 뉴욕》에 이어, 제가 두 번째로 사랑하는 도시인 파리를 주제로 후속편을 쓰게 된 것은 꿈같은 일이었습니다. 하지만 정말 어려운 작업이기도 했어요. 파리는 멋진 예술, 역사, 건축, 디자인으로 가득한 도시라 그중 딱 100곳을 골라 조명한다는 게 쉽지 않았답니다. 사실 이번 책을 쓰면서 때로는 자제하지 못하고 약간 꼼수를 쓰거나 좀 장황하게 부연 설명을 하기도 했습니다. 또한 다른 책에서 이미 충분히 소개했기 때문에 제게 특별한 많은 장소을 생략해야 했던 경우도 있었습니다. 예술가들이 살았던 역사적인 장소들이 일례입니다. 책을 쓰기 위해 조사하는 과정에서 우리의 흥미를 끄는 많은 예술가가 파리에 머무는 동안 더 저렴한 숙소를 찾아 수없이 이사 다녔다는 사실을 알았습니다. 당시 가난한 예술가에게 흔히 예상되는 것처럼 말이죠. 예술가들이 살았던 곳에 대해 쓰는 일은 사실 여러분이 가장 흥미 있어 할 위대한 작품과 그 작가에 관한 알찬 이야기보다 호기심이 덜하기에, 그들의 작업실이나 아파트가 단순 나열된 세탁물 배달지 목록과 가까울지 모르겠습니다. 이 책에서 주소를 언급한 유일한 경우가 세잔인데, 그 이유는 세잔이 역사상 가장 꾸준히 변화해간 예술가라고 생각했기 때문입니다. 그는 거의 매년 여러 번씩 이사 다닌 터라 그만큼 저를 힘들게 했지만요.

코로나 감염병 확산으로 어려움이 있었음에도 지난 몇 년간 파리에서 여름을 보내고 다른 여러 장소로 여행할 수 있었던 건 행운이었습니다. 큰 해택이었음을 알지만 한편으로는 단순히 행운을 누렸다고 생각하지는 않아요. 탐험해야 할 넓은 세상이 있기에 저는 항상 여행을 우선순위에 두고 제 예산을 계획해왔습니다. 그래서 형편이 좋을 때는 물론이고 허드렛일로 푼돈을 벌어 생활할 때도 해외로 여행을 다녀왔답니다.

제 남자친구는 파리에서 꽤 인기 있는 예술가이기에, 그와 함께 파리에 머무는 동안 재미로 이 책의 바탕이 된 자료들을 조사하기 시작했어요. 사실 저는 이런 작업을 해보기 위해 휴가를 갑니다. 5년 전에는 이 재밌거리가 책으로 이어질 줄은 몰랐는데, 이렇게 되다니 너무 신이 나네요. 파리 전역을 걷고 또 걸으며 많은 거리와 가게, 식당을 기록했습니다. 헤아릴 수 없이 많은 도서관을 방문하고 전문가와 목격자들도 만났어요. 2021년 6월 프랑스가 마침내 여행객을 위해 다시 개방했을 때, 저는 재빨리 항공권을 예매해 이 책에 등장하는 모든 작품을 (그중 상당수는 결국 가볼 수 없었지만) 찾아갔습니다. 작품들이 여전히 그곳에 잘 있는지, 여전히 책에 언급할 만한 가치가 있는지 확인하기 위해서였죠. 여러분이 설령 파리에 한 걸음도 딛지 못한다 하더라도 이 책에서 모든 작품을 온전히 즐길 수 있기를 바랐습니다.

어린 시절부터 우정을 맺어온 마리아 크라신스키가 이 책에 삽화를 그려준 것 또한 꿈같은 일이었습니다. 마리아의 그림은 제게 그 어떤 사진보다도 더 많은 영감을 주거든요. 끝없이 여기저기로 마법 같은 무언가를 찾아다니는 제게 출발점은 언제나 역사, 예술, 그리고 여러 흥미로운 인물의 일대기입니다. 저의 이런 집착이 여러분만의 마법을 찾는 데도 도움이 되길 바랍니다. 누구든, 파리가 어떤 모습으로 보이든 그 안에서 자기만의 마법을 발견하는 데 어려움을 겪지는 않겠지만 말이죠.

파리는 결코 나쁜 선택은 아니랍니다.

Contents

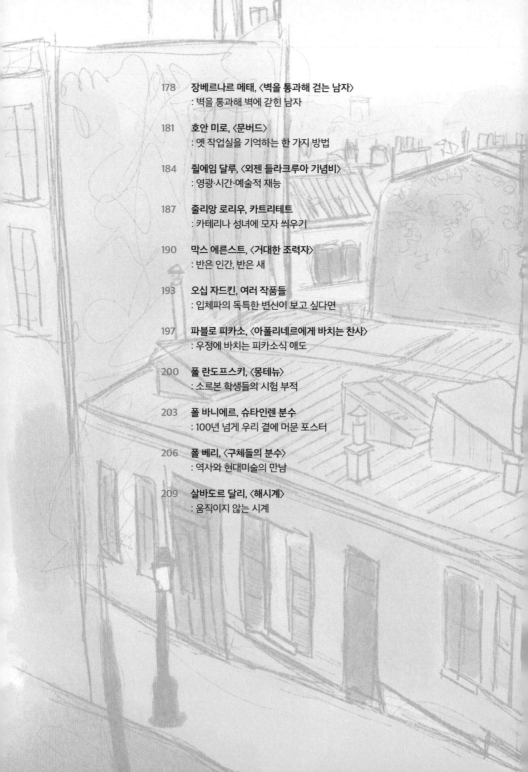

1장

놀라운 장소들

파리에는 어디나 예술 작품이 많은데
그중에는 지금껏 발견되지 않은 보물도 있습니다.
디자이너 부티크의 옷걸이들 사이에, 조용한 정원 안에,
수십 년간 숨겨진 벽들 뒤에, 은신처나 심지어 지하에도
이 역사적인 도시의 많은 놀라움이 숨어 있답니다.
여러분이 기꺼이 살펴볼 의향이 있다면 말이죠.
디자이너 의상실 천장에 그려진 17세기 회화와
옛 매춘업소의 호화로운 내부를 감상하며 눈 호강을 누려 보세요.
두 곳 모두 리모델링을 하다가 거의 한 세기 만에 발견됐답니다!
파리의 유명 영화관 중 한 곳에 있는 역사적인 벽화를 보러 가거나,
지하묘지에서 섬뜩함을 느껴 본다거나,
구불구불한 거리를 따라 펼쳐진
숨은 예술 작품을 발견해보는 것도 권합니다.

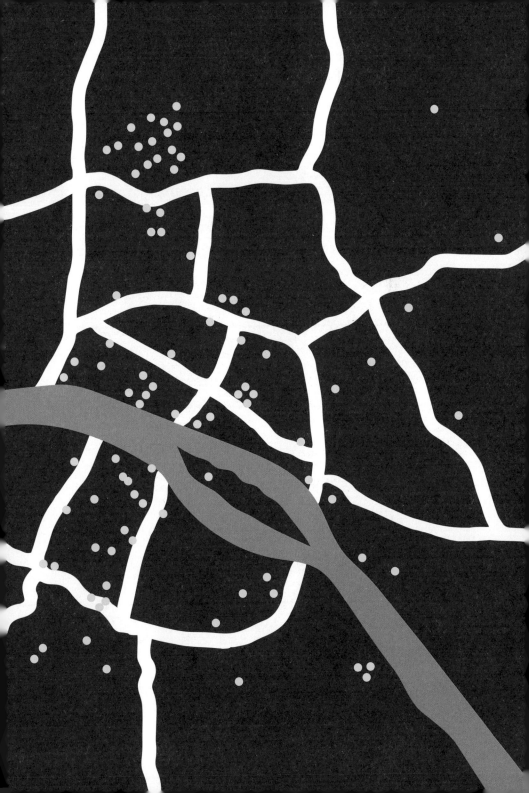

ARNOULD de VUEZ

Marquis de Nointel Arriving in Jerusalem

OSCAR de la RENTA • 4, RUE de MARIGNAN • 8ᵉ

아르노 드 뷰에즈, 〈예루살렘에 도착하는 누앙텔 후작〉, 1674

📍 오스카 드 라 렌타, 드 마리냥가 4번지(8구)

벽 속에 숨어 있던
걸작

Arnould de Vuez, Marquis de Nointel Arriving in Jerusalem
(Marquis de Nointel arrivant à Jérusalem), 1674, Oscar de la Renta, 4,
rue de Marignan(8th arrondissement)

파리의 어느 보험 회사 사무실, 단조로운 합판 재질 벽 속에 걸작이 숨어 있었습니다. 오스카 데 라 렌타♦의 파리 본점을 열기 위해 건물을 리모델링하던 작업자들이 수십 년 동안 벽 안쪽에 숨겨져 있던 거대한 유화 한 점을 발견한 것입니다. 1674년 아르노 드 뷰에즈♦♦가 그린 것으로 밝혀진 이 그림은 미술품 복원 전문가들의 호기심과 흥분을 자극했습니다. 그들에게는 마치 꿈에서나 일어날 수 있을 법한 놀라운 발견이었거든요. 이 그림은 매우 세심한 노력을 들여 복원된 끝에 지금은 당당하게 데 라 렌타 부티끄 본점을 장식하는 주인공이 됐답니다. 심지어 3층에 전시된 멋진 가운들보다도 약간 높은 위치를 차지하고 있지요.

2018년, 19세기에 지어진 건물에 리모델링을 시작한 인부들은 옛 보험 회사 사무실의 천장과 형광등 너머로 어렴풋이 어느 가문의 문장이 그려진 장식 패널들이 보인다는 걸 알았습니다. 뒤로 보이는 패널들이 안에 있는 전부라고 생각하면서, 작업자들은 오래된 사무실 벽을 한 조각 한 조각 떼어 내기 시작했죠. 그러다 그들은 그 아래에서 뜻밖의 물건을 발견하고는 일순간 너무 놀라 움직일 수가 없었습니다. 실물보다 더 크게 묘사된, 언덕 위 말에 올라탄 귀족들의 모습이 정교하게 그려진 그림 한 점이 벽에 딱 붙어 있었거든요.

예술품 복원팀이 불려와 그림에 붙어 있던 남은 합판 벽 조각들을 제거해갔습니다. 조심스러운 복원과 세척 작업을 마치자, 미술사가들은 이 그림이 17세기 후반 프랑스에서 활동한 플랑드르 화가 뷰에즈의 작품임을 확인할 수 있었습니다. 뷰에즈는 루이14세의 궁정화가이자 베르사유궁전 장식의 상당 부분을 담당한 인물로 알려진 샤를 르브룅Charles Le Brun 밑에서 일했습니다. 가로와 세로 크기가 각각 6m와 3m인 이 그림의 제목은 〈예루살렘에 도착하는 누앙텔 후작Marquis de Nointel Arriving in Jerusalem◆◆◆〉으로, 루이14세가 오스만제국에 파견했던 대사 누앙텔 후작과 그 가신들이 말을 타고 예루살렘에 당도하는 장면을 담고 있으며, 그 배경으로 멀리 예루살렘의 여러 건물과 모스크 한 채가 묘사돼 있습니다. 1900년 출간된 누앙텔 후작에 관한 어느 책에 이 그림의 사본이 실려 있었는데, 이를 통해 발견된 그림이 진품임을 확인할 수 있었죠.

미술사가들은 왜 뷰에즈의 그림이 벽 뒤에 숨겨져 있었는가에 대해서는 확실한 답을 내놓지 못합니다. 단지 제2차 세계대전 중 누군가가 나치에 강탈당하는 것을 막기 위해 숨겼는데 이후 잊혀진 것이 아닐까 추정할 뿐이랍니다. ✵

◆ 본명은 오스카 렌타 피아요Oscar Renta Fiallo. 도미니카공화국 출신의 미국 패션 디자이너. 발렌시아가의 제자로 재클린 케네디의 옷을 맞춤 제작한 디자이너 중 한 사람으로 유명하며 자신의 이름을 딴 패션 브랜드를 만들었다.

◆◆ 파리·베네치아·로마에서 미술을 공부하고 르 브룅의 조수로 루이14세의 궁정에서 일했다. 르 브룅 사후에는 북프랑스 도시인 릴로 이주해 40년간 시 정부와 교구 주교, 수도원들을 위해 많은 작품을 제작했다. 플랑드르 회화 특유의 색감을 이탈리아 르네상스 스타일로 표현한 화가로 평가받는다.

◆◆◆ 본명은 샤를 마리 프랑소아 오리에르Charles Marie François Olier. 2대 누앙텔 후작. 파리시 의장을 역임하며 재상 콜베르와 친분을 쌓았고 이를 발판으로 루이14세의 눈에 들어 오스만제국에 대사로 파견됐다. 좋은 매너와 친화력으로 술탄 메메드4세의 호의를 얻어 오스만제국에서 프랑스의 상업 이익을 확대하고 관세율을 낮추는 협정을 이끌어냈다.

AUGUSTE RODIN

Théâtre des Gobelins

73, AVENUE des GOBELINS · 13ᵉ

오귀스트 로댕, 고블랭 극장, 1869

📍 고블랭가 73번지(13구)

로댕의
사실적인 인물들

1869년, 아직 무명이던 젊은 예술가 오귀스트 로댕은 그때까지 의뢰받았던 일보다 월등히 큰 작업을 맡았습니다. 고블랭가에 위치한 대규모 극장의 외벽 전면을 장식하는 일이었죠. 당시 스물아홉 살이었던 그는 장식 조각가 알베르-에르네스트 카리에-벨루즈Albert-Ernest Carrier-Belleuse◆의 조수로 꾸준히 일하는 중이었는데 머지 않아 카리에-벨루즈를 능가하게 되지요. 이 고블랭극장Théâtre des Gobelins 작업은 규모 면에서도 로댕의 초기 작품 중 가장 크지만, 그때까지 했던 여느 작업 중 가장 높은 보수인 100프랑을 받은 것으로 기록됩니다. 100프랑이 큰 금액으로 느껴지지 않는다면 이 사실을 생각해보세요. 당시 인상주의 화가들은 작품 한 점당 겨우 30~40프랑을 받았답니다.

건물 전면에는 로댕의 거대한 두 인물 부조가 극장 입구 위 아치 너머 양쪽에서 서로를 향해 뻗어 있습니다. 로댕은 작가로 활동하던 초창기부터 은유적보다는 사실적으로 조각하는 경향을 보였는데, 바로 이 인물 부조의 얼굴에 그런 특징이 잘 드러납니다. 그는 또한 전통적인 극장 건물 장식에서 흔히 기대되던 희극과 비극의 가면을 물 흐르듯 유연한 자세를 취한 두 남녀 형상으로 대체했습니다. 물결치는 듯한 머리카락을 지닌 왼쪽 남성은 입을 벌린 채 얼어붙은 것처럼 보이는데, 아마 독백하는 중이 아닐까 싶네요. 그는 공연 예술의 진지한 측면을 상징하며 횃불과 칼을 머리 위로 높이 치켜들고 있습니다. 공연 예술의 보다 가볍고 실없는 측면을 상징하는 오른쪽 여성은 한 손에 어릿광대의 얼굴이 달린 막대를 들고, 다른 손에는 흥겨운 음악을 연주할 캐스터네츠를 쥐고 있어요.

고블랭극장은 1869년 9월에 문을 연 이래로 주인이 여러 번 바뀌면서 대형 공연장, 영화 상영관은 물론이고 심지어 창고로 쓰이기도 했답니다. 이후 렌초 피아노Renzo Piano◆◆가 이 건물 내부에 있던 극장 시설을 제거하고, 영화사 관련 자료들을 보존·연구하는 제롬 세이두–파테Jérôme Sey-doux-Pathé 재단의 사무실과 연구소를 위한 공간으로 개조했습니다. 로댕의 장식은 건물 전면에 그대로 남아 랜드마크가 되었죠. ※

◆ 프랑스 조각가. 프랑스 국립미술협회 창립 회원
◆◆ 이탈리아 제노바 출신의 세계적인 건축가

AUX BELLES POULES
32, RUE BLONDEL • 2ᵉ

오 벨 뿔

📍 블롱델가 32번지(2구)

타일에 숨겨진
비밀

Aux Belles Poules, 32,
rue Blondel(2nd arrondissement)

예술가와 매춘 업소는 오랜 역사를 함께해왔습니다. 19세기 말부터 20세기 초에는 성을 사려는 사람은 물론이고 부자나 전위 지식인, 예술가도 매춘 업소에 흔히 드나들었죠. 특히 예술가들은 매춘 업소 경험에서 작품을 위한 영감을 얻기도 했을 뿐아니라, 업소 내부를 장식하는 그림이나 벽화를 맡기도 했습니다. 에드가 드가, 에두아르 마네, 앙리 드 툴루즈-로트렉은 파리 매춘 업소들의 모습을 자주 그렸을 뿐 아니라 보수를 받고 매춘 업소 내부에 그림을 그려주기도 했습니다. 기록 사진들은 당시 많은 매춘 업소가 여러 예술 작품과 좋은 가구로 호화롭게 꾸며져 있었음을 보여줍니다. 1946년 파리시가 200개에 달한 시내의 모든 매춘 업소를 폐쇄하면서 업소들의 내부 시설은 제거됐고 가구들은 그곳에서 일하던 여성들과 함께 버려졌습니다. 그러나 어찌 된 일인지 폐쇄된 업소 중 한 곳은 원래의 인테리어를 보존할 수 있었습니다. 이곳은 나중에 학생 기숙사 건물로 재사용하기 위해 내부 벽들을 간단히 판자로 덮어버렸기 때문입니다.

대부분의 경우 벨 에포크 Belle Époque ◆ 시대의 매춘 업소들에 대해 남아 있는 것이라고는 그림과 사진, 소수의 홍등가 안내서와 세탁물 보관·배달 목록에 기록된 업소 이름인 '사바나 Le Chabanais', '스핑크스 Le Sphinx', '원-투-투 One-Two-Two', '백화白花 Le Fleur Blanche'(로트렉이 자주 매춘부들의 일상을 스케치하던 곳) 뿐입니다. 파리에서 가장 호화로웠던 이런 매춘 업소들은 인기 레스토랑이나 바처럼 단순히 '손님'뿐 아니라 상류층 고객까지 끌어들였습니다. 하지만 한 가지는 확실히 짚고 넘어가지요. 이런 시설들에 고용된 여성들은 호화로운 숙소에서 일할지라도 결국 감금된 사람들이었습니다. 마음대로 떠날 수도 없었고 매일 의무적으로 정해진 수의 손님을 받아야 했으니까요.

브롱델가에 있는 오 벨 뿔 Aux Belles Poules('아름다운 암탉들'이라는 뜻)도 한때 파리에서 가장 인기 있는 매춘 업소 중 하나였습니다. 1880년에 문을 연 이곳은 완전 나체를 한 여인들이 메인 라운지 주변에서 살아 있는 그림처럼 포즈를 취하고 고객들을 맞는 것으로 유명해졌답니다. 이 업소는 또한 내부에 있는 에로틱한 아르 데코 Art deco ◆◆ 장식으로 유명했는데, 이는 플래퍼 flapper ◆◆◆ 스타일 머리에 긴 검은색 스타킹을 신은 여성들, 판 Faun ◆◆◆◆과 신화 속 신비한 캐릭터들, 육감적인 벨 에포크 스타일의 나체 등이 그려진 1920년대 타일들이 벽에 나란히 붙어 있던 화려하고 장식적인 거울 주변을 에워싸면서 구현됐습니다.

1946년에 업소가 폐쇄된 후 이 타일들이 있던 자리는 비용 절감 차원에서 그냥 가벽으로 덮었고 그 뒤 잊혀졌습니다. 이후 수 년 동안 창고, 옷가게, 컴퓨터 소매점 등 여러 업체가 이 건물을 거쳐 갔죠. 2017년 카롤린 세노 Caroline Senot 씨가 이 건물을 상속받았을 때 1층에는 구닥다리 붙박이장이 가득한 옷가게가 있었습니다. 건물 리모델링을 하다가 곧 예전의 에로틱

한 장식을 고스란히 간직하고 있는 오 벨 뿔의 그랜드룸이 드러났지요. 세노는 메인 룸의 모자이크와 욕실 바닥, 업소의 이름이 쓰인 바 입구 위의 벽을 포함해 오 벨 뿔의 모든 외설스러운 인테리어를 복원하기로 결정했습니다.

현재 이곳은 만찬, 결혼식, 강연 같은 이벤트를 위해 대여되는 공간입니다. 내부가 궁금하신 분은 최소 한 달에 한 번씩 열리는 일반 공개 행사 때 이곳을 방문하실 수 있습니다. 그날은 세노가 직접 오 벨 뿔과 파리의 매춘 역사에 관해 (프랑스어로) 강연하며, 이후 방문객들은 샴페인과 음악, 무용수들이 추는 해학적인 춤이 제공되는 동안 복원된 모자이크들을 감상하곤 하지요. 논란이 많던 과거 파리의 일면을 들여다볼 수 있는 드문 기회이기도 합니다. ※

◆ 19세기 말부터 제1차 세계대전 발발 직전인 1914년까지, 유럽이 영내에서의 전쟁 없이 순조롭게 경제, 문화, 과학기술의 발전과 번영을 누린 평화의 시기를 뜻한다.

◆◆ 제1차 세계대전 이후 프랑스에서 출현해 1930년대까지 이어진 시각예술이자 디자인의 사조. 아르누보의 감성에 기계화와 대량생산 시대의 특징을 반영해 대칭과 직선, 기하학적 패턴 등을 중심으로 한 장식성을 강조한다.

◆◆◆ 1920년대 신여성들 사이에 유행한 스타일로, (귀밑 혹은 어깨 높이의) 짧은 단발머리와 무릎 길이의 주름진 치마나 통이 좁은(일자로 발목까지 쭉 내려 뻗은) 가벼운 재질의 하늘거리는 치마, 챙이 없는 모자나 두건이 특징이다.

◆◆◆◆ 그리스신화의 목축 신. 머리에는 작은 염소 뿔이 있고 염소의 하반신과 인간의 상반신을 가졌다. 로마신화에서는 파우누스Faunus라 불렸다.

BON MARCHÉ
24, RUE de SEVRES • 6ᵉ

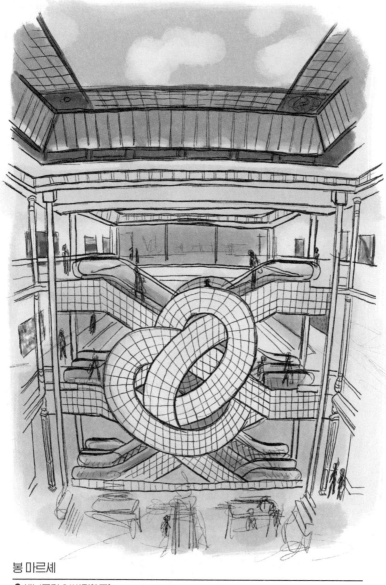

봉 마르세

📍 세브르가 24번지(6구)

쇼핑과 예술 관람을
한 번에

Bon Marché, 24,
rue de Sèvres(6th arrondissement)

파리에서 쇼핑하는 일은 그 자체로 예술을 접하는 일과 같아요. 대규모 백화점이야말로 그런 기분을 느끼게 해주는 주요한 공간이랍니다! 멋들어진 프랑텡Le Printemps과 라파예트Galeries Lafayette의 본점은 최신 유행 의류를 판매하기 위해서뿐 아니라 데카당스(퇴폐주의decadence) 장식 예술의 궁전으로 기능하기 위해 지어진 건물들입니다. 하지만 현대미술을 후원하는 지주로서 모든 백화점을 능가하는 한 곳이 있으니, 바로 파리에서 가장 오랫동안 영업 중인 백화점 봉 마르셰Bon Marché입니다.

1838년에 개업한 봉 마르셰는 1852년 이 백화점의 첫 사업 파트너가 된, 선견지명 있는 사업가 아리스티드 부시코Aristide Boucicaut가 경영을 맡으면서 성공을 거둡니다. 부시코는 혁신적인 발상을 도입해 정찰제와 반품 제도를 시행하고 신문에 광고를 실었으며, 여성 고객들이 쇼핑하는 동안 남편이나 남성 동반자들이 신문 등을 읽으며 기다릴 수 있는 휴게실을 제공했습니다. 미혼 여성 직원들을 위한 기숙사도 설립해, 여성들에게 빨리 결혼하기를 기대하던 시대에 그들이 어느 정도 독립성을 지닐 수 있도록 해주었답니다.

다시 미술 이야기로 돌아가서, 쇼핑 경험에 예술을 접목하자는 발상을 처음 도입한 사람도 부시코였습니다. 그는 1875년에 순수미술 갤러리를 백화점 안에 열고 국립미술전에서 거부당한 화가와 조각가들에게 작품을 전시할 공간을 제공했습니다. 부시코의 목표는 봉 마르셰에 패션과 순수미술 간 '대화'의 장을 마련해 고객들이 이를 사색할 수 있도록 하는 것이었죠.

부시코가 기획한 이 대화는 그 후로도 지속돼 봉 마르셰는 1989년부터 현대미술과 디자인 작품들을 적극 수집하기 시작했습니다. 2012년에는 이 수집품들이 정식으로 리브 고쉐 컬렉션La Collection Rive Gauche으로 발족하지요. 2016년 이후 매년 한 사람씩 예술가를 초대해 백화점 중정에 자유롭게 작품을 선보이도록 하고 있는데, 전시를 위해 제공되는 공간에는 앙드레 푸트망Andrée Putman◆이 1990년 설계한 유명한 에스컬레이터도 있습니다.

지금까지 봉 마르셰의 메인 쇼핑홀을 쌍방향 설치 예술 공간으로 변화시킨 작가들은 아이 웨이웨이Ai Weiwei, 치하루 시오타Chiharu Shiota, 레안드로 에를리히Leandro Erlich, 디자인 회사 넨도Nendo◆◆, 테베 마구구Thebe Magugu◆◆◆입니다. 또한 각 층마다 미술계의 총아들과 현대미술 갤러리들이 제공한 회화들도 있으니 쇼핑할 때 여러분을 새롭게 해줄 영감을 만끽할 수 있을 거예요. 로손 크로우Rosson Crow, 피오나 래Fiona Rae, 세자르César◆◆◆◆, 발레리오 아다미Valério Adami, 끌로드 비알라Claude Viallat, 에티엔-마르탱Étienne-Martin, 니콜라 샤르동Nicolas Chardon 같은 예술가의 작품도 있고요.

매년 7월과 11월은 백화점의 거의 모든 품목을 할인 판매하는 세일 기간이니, 이때 방문하면 유명 예술가들의 작품을 공짜로 보는 경험까지 덤으로 얻을 수 있습니다. ※

◆ 프랑스의 건축 인테리어 디자이너.
◆◆ 2002년에 설립한 일본의 건축 인테리어 디자인 회사. 스칸디나비아 스타일의 디자인에 일본 전통예술 요소를 응용해 결합한 미니멀리스트 스타일로 유명하다.
◆◆◆ 남아프리카공화국 출신으로 세계 패션계에서 가장 주목받는 젊은 디자이너 중 한 사람
◆◆◆◆ 프랑스 신사실주의 조각가 세자르 발다치니(César Baldaccini)

CAROUSEL of ENDANGERED ANIMALS

JARDIN des PLANTES • NEAR SOUTHEAST CORNER • 5ᵉ

도도 회전목마

📍 식물원, 남동쪽 끝 부근(5구)

사라져가는
동물들과 함께

Dodo Manège(Carousel of Endangered Animals), Jardin des Plantes,
near the southeast corner of the park(5th arrondissement)

28만m²에 이르는 파리식물원은 도심 속 낙원입니다. 이곳을 찾는 방문객들은 거대한 식물원을 둘러싸고 있는 독특한 박물관, 도서관, 동물원 등에서 귀중한 광물, 화석부터 희귀한 동물들까지 많은 것을 경험할 수 있어요. 볼거리가 많아 모르고 지나치기 쉽지만, 파리의 여느 공원들처럼 이곳에도 회전목마가 있습니다. 얼핏 보면 이 회전목마는 조명과 음향 효과가 평범한 데다 동물 형상의 목마들도 나무로 만들어진 그냥 구식 놀이기구 같아요. 하지만 여기에는 단순히 아이들을 즐겁게 해주는 것을 넘어선 매력이 있답니다. 회전목마의 말들 대신 그 자리에 멸종위기에 처한 동물들이 있거든요. '도도 회전목마Dodo Manège' 혹은 '멸종위기 동물들의 회전목마'라고 불리는 이 놀이기구는 날로 늘어나는 멸종위기에 처한 야생동물에 대해 멋지게 경각심을 일깨워주고, 과거에 사라진 몇 종의 동물을 재현해놓아 방문객들에게 쉽사리 잊지 못할 깨달음의 시간을 선사합니다.

도도 회전목마는 교육 목적의 도구이면서 그 못지않게 예술적인 작품입니다. 1930년대 스타일로 설계됐지만 실은 1992년에 제작됐지요. 회전목마의 동물들은 수작업으로 조각했고, 각 동물이 있는 칸에는 그들의 자연 서식환경과 주변 박물관 풍경을 채색 배경으로 꾸몄습니다. 이 회전목마는 근처에 위치한 자연사박물관Natural History Museum에서 일하던 어느 과학자가 놀이와 교육을 융합해보자는 발상에서 창안해 제작됐습니다. 아이와 함께 찾아오는 부모들에게 이 회전목마는 사랑스럽지만 한편으로 씁쓸한 현실을 상기시키는 슬픈 대상이기도 하지요.

아이들은 눈에 띄게 개체수가 줄어 들어 위험에 처한 고릴라, 기린, 판다 등으로 제작된 회전목마를 타볼 수 있습니다. 또 더 이상 지구상에 없는 유명한 도도, 트리케라톱스triceratops◆, 태즈매니아 늑대thylacine(호주 태즈메이니아Tasmania섬에 서식하던 늑대와 비슷한 육식 유대목Marsupial 동물)뿐 아니라 다른 매력적인 옛 짐승들 무리에 올라가 볼 수도 있고요. 회전목마 옆에는 각 동물에 대해 자세한 설명을 담은 프랑스어 안내판도 있습니다. 안타깝게도 이 회전목마는 어린이들만 탈 수 있지만, 그 아름다움만으로도 충분히 찾아가볼 만한 가치가 있답니다. 멸종위기 동물로 꾸려진 회전목마는 여름에는 낮 동안 내내 열려 있고 학기 중에는 조정된 운영시간에 따라 개방됩니다. ❈

◆ 머리에 뿔이 셋 달린 중생대의 대형 초식 공룡

DEYROLLE

46, RUE du BAC • 6ᵉ

데롤

📍 백가 46번지(6구)

예술적 영감을 주는
동물 박제들

Deyrolle, 46,
rue du Bac(6th arrondissement)

만약 삶이 예술을 모방할 수 있다면, 죽음은 어떨까요? 장밥티스트 데롤Jean-Baptiste Deyrolle는 1831년 백가에 있는 평범한 집 한 채를, 죽음을 통해 자연계의 아름다움을 기리겠다는 뜻에서 특이한 박제들의 공간으로 바꾸어놓았습니다. 데롤은 물론이고 그 뒤를 이어 그의 아들과 손자도 이 멋진 가게를 수많은 곤충학, 박제, 자연과학의 보물들로 빼곡히 채웠지요. 이곳은 이러한 독특한 물품들을 구매할 수 있는 공간인 동시에 아이들에게 동물과 곤충들을 가르쳐줄 수 있는 학습의 장이기도 해요. 줄여서 '데롤'이라고 불리는 이 가게는 한 세기 동안 고객들에게 많은 영감을 주었는데, 현재는 가게에 있는 큰 방들을 활용하여 현대 예술가들과 협업을 하거나 전시회를 열 수 있도록 지원합니다.

이 전설적인 가게 안에 들어서는 건 마치 모든 것이 실물 크기로 보관돼 있는 호기심 창고 안에 들어가는 일과 같아요. 각 방마다 반짝이는 광물들과 수십 종류의 조개, 온갖 나비와 무지갯빛의 풍뎅이, 특이한 벌레들 표본이 담긴 많은 서랍, 각종 화석, 오래된 교육용 도표들과 박제된 동물들이 가득합니다. 죽은 동물들로 가득한 방을 넋 놓고 둘러보는 일은 병적인 악취미처럼 들릴지도 모르죠. 하지만 데롤의 박제들은 모두 워싱턴 협약Washington Convention◆에 따라, 추적 가능한 멸종위기종에 속하는 동물 중에서도 동물원·서커스·농장 등에서 노환이나 병으로 죽은 개체들만 전시하고 있답니다.

창의적인 사람들이라면 이 가게 안에 마련된 초현실주의적인 광경들을 보고 영감을 받지 않기란 어려운 일이죠(장 두뷔페Jean Dubuffet◆◆도 이곳의 단골이었습니다). 실제로 앙드레 브레통André Breton, 달리 같은 여러 초현실주의 예술가들이 이 가게를 자주 방문했어요. 특히 달리는 1937년에 데롤을 방문하고 나서 〈나비 돛을 단 배Ship with Butterfly Sails〉를 그렸답니다. 데롤은 자신의 예술적 영향력을 깨닫자 판을 뒤집어 이곳에서 영감받은 예술가들의 작품을 전시하기 시작했습니다. 또한 데미안 허스트Damien Hirst와 협업해 그의 대표작인 '나비 연작'도 제작합니다. 이제 데롤의 공간에 펼쳐진 동물과 보관함들 사이에서 예술품을 발견하실 수 있어요. ✻

◆ 1973년 워싱턴에서 체결된 '멸종위기에 처한 야생동식물의 국제거래에 관한 협약Convention on International Trade in Endangered Species of Wild Flora and Fauna, CITES'

◆◆ 프랑스의 화가·조각가

EUGÈNE DELACROIX

Jacob Wrestling the Angel • Heliodorus Driven from the Temple • Saint Michael Defeats the Demon

CHURCH of SAINT-SULPICE • 2, RUE PALATINE • 6ᵉ

외젠 들라크루아, 〈천사와 씨름하는 야곱〉, 〈사원에서 쫓겨나는 헬리오도루스〉, 〈악마를 물리치는 대천사 미카엘〉

📍 생 쉴피스 성당, 팔라틴가 2번지(6구)

역동적인 천사들을 볼 수 있는 곳

Eugène Delacroix, Jacob Wrestling with the Angel(Lutte de Jacob avec l'ange),
Heliodorus Driven from the Temple(Héliodore chassé du Temple de Jérusalem),
and Saint Michael Defeats the Demon(Saint Michel terrassant le dragon),
Church of Saint-Sulpice, 2, rue Palatine(6th arrondissement), Eugène Delacroix,
Christ in the Garden of Olives(The Agony in the Garden)
(Le Christ en agonie au jardin des oliviers), Church of Saint-Paul-Saint-Louis, 99,
rue Saint Antoine(3rd arrondissement), Eugène Delacroix, Pietà,
Church of Saint-Denys-du-Saint-Sacrement, 68, rue de Turenne(3rd arrondissement)

프랑스 국보와도 같은 외젠 들라크루아Eugène Delacroix는 신고전주의Neoclassicism의 유행에 맞서 그림에 색과 움직임, 감정을 담아내는 데 집중한 화가입니다. 그는 감상적인 회화·음악·문학을 주로 창작한 프랑스 낭만주의를 선도했죠. 또한 풍성한 붓 터치와 본연의 색을 사용하는 그의 기법은 인상주의와 후기인상주의에도 영감을 줬다는 점에서 현대미술이 진화하는 데 중요한 기폭제 역할을 했습니다.

물론 파리에 있는 예술의 신전들—다양한 박물관·미술관들—이 들라크루아의 많은 작품을 소장하고 있기에 대부분 입장료를 내면 관람할 수 있습니다. 그의 작품들만 모아서 전시하고 있는 들라크루아의 옛 작업실 한 곳도 포함해서요. 하지만 들라크루아의 가장 유명한 작품들 가운데 일부는 파리의 오래된 교회들에서 무료로 볼 수 있답니다. 화려하게 장식된 조용한 신앙의 경전에서 그의 작품을 감상하는 경험은 예술의 제단을 경배하는 사람들에게는 종교적인 체험을 하는 것과 다름없지요.

들라크루아는 무신론자로 알려져 있음에도 불구하고, 자주 종교화 제작을 의뢰받았습니다. 그중 유명한 작품은 파리에서 두 번째로 크고 후기 바로크 양식의 비대칭 탑 두 개로 잘 알려진, 생 쉴피스 성당에 있습니다. 프랑스의 여느 교회처럼 이곳에도 귀중한 예술품이 여럿 있지만, 성 천사Saint-Anges 예배당에 있는 들라크루아의 작품들은 특히 눈길을 끕니다. 1855년에서 1861년 사이에 제작된 들라크루아의 후기작인 이 거대한 벽화 세 개는 위로 솟아오르는 듯한 예배당의 두 벽과 천장을 채우고 있어요. 각 작품에 묘사된 천사들은 우리가 흔히 기대하는 평온한 태도의 성스러운 하느님의 전령이 아니라, 역동적이고 심지어는 폭력적인 행위를 하는 모습입니다. 왼쪽 벽의 〈천사와 씨름하는 야곱Jacob Wrestling with the Angel〉과 오른쪽 벽의 〈사원에서 쫓겨나는 헬리오도루스Heliodorus Driven from the Temple〉는 모두 구약성서에 나오는 이야기 중 한 장면이죠. 천장의 그림 〈악마를 물리치는 대천사 미카엘Saint Michael Defeats the Demon〉은 〈요한계시록〉의 구절을 묘사하고 있습니다. 예배당의 관람객들을 둘러싼 이 거대한 그림들(양쪽 벽의 그림들은 높이 7m, 천장화는 지름 5m)은 정말 인상적인 볼거리랍니다.

생 쉴피스에 위치한 그림들은 종교 사원 안에 있는 들라크루아의 작품 중 가장 박진감 넘치지만, 이외에도 찾아가볼 만한 작품들이 더 있습니다. 17세기 교회인 마래의 생폴생루이Saint-Paul-Saint-Louis in the Marais 성당 제단 옆에 걸려 있는 〈올리브 정원의 그리스도 Christ in the Garden of Olives(정원에서의 고뇌The Agony in the Garden)〉도 그중 하나죠. 여담이지만 이 성당의 또 다른 자랑거리는 빅토르 위고가 딸의 결혼을 축하하기 위해 기증한 두 개의 뚜껑 달린 큰 성수聖水 용기랍니다. 들라크루아는 1838년에 전통적인 종교화 주제인 피에타Pietà(성모마리아가 죽은 예수의 시신을 안고 있는 모습)도 그렸는

데, 이 그림은 생 세크레망의 생 드니Saint-Denys-du-Saint-Sacrement 성당에 걸려 있어요. 들라크루아의 작품들은 박물관보다 교회에서 더 음울하고 사색적인 분위기를 풍깁니다. 그렇지만 이런 그림들을 공짜로 볼 수 있다는 건 확실히 웃을 일 아닌가요? ※

FRANÇOIS DÉCURE
Secret Catacomb Sculptures
PARIS CATACOMBS • 1, AVENUE du COLONEL HENRI ROL-TANGUY • 14ᵉ

프랑수아 데퀴르, 지하 납골당의 조각들

📍 파리 지하 납골당, 앙리 롤-탕기 대령로 1번지(14구)

터널 속
비밀의 방

François Décure, Secret catacomb sculptures, Paris Catacombs, 1, avenue du Colonel Henri Rol-Tanguy(14th arrondissement)

파리의 지하 납골당은 1700년대 후반 포화 상태에 있던 시내 공동묘지 중 일부 흉측한 벽들이 무너진 것을 계기로 설립을 계획해 1809년 문을 열었고, 이후 관광객들의 주요 방문지가 되었습니다. 전체 320km가 넘는 파리의 지하 터널 가운데 일반 대중이 출입할 수 있는 부분은 극히 일부에 불과하지만, 방문객들에게 개방된 구역에서도 지반 아래의 좁은 통로를 따라 세심하게 배열돼 나란히 놓인 많은 해골과 대퇴골들, 암석을 파 만든 현실玄室들이 무려 3.2km나 이어져 있습니다. 14세기 파리의 도심 건축에 사용할 석회암을 채굴하면서 형성된 공간이지요. 으스스한 박물관 자체도 둘러볼 만하지만, 이 죽은 자들의 나라에도 놀라운 18세기 예술품이 숨겨져 있답니다.

1400년대부터 1700년대까지 파리 지하의 터널들은 수백 명의 인부들이 사방으로 석회암을 캐 나가던 채석장이었습니다. 건설붐이 일던 시대에 작업자들이 만든 것들을 포함해 수백 년 된 낙서들이 터널을 따라 남아 있습니다. 특히 어느 채석장 노동자는 바위와 유골들에 경탄할 만한 자신만의 흔적을 남겼답니다. 프랑수아 데퀴르François Décure는 공동묘지의 유골들을 지하로 옮기는 작업이 시작되기 불과 몇 년 전이던 1777년부터 1782년까지 이 채석장의 인부였습니다. 한때 루이14세 군대의 군인이었던 데퀴르는 7년 전쟁 중 영국군에 포로로 잡혀 스페인 발레아레스 제도의 마온항Port Mahón 근처 요새에 한동안 수감되기도 했었죠. 그는 숨겨진 재능을 지니고 있었는데, 바로 뛰어난 조각가였던 것입니다.

데퀴르는 작업하던 터널을 빗겨 난 지점에서 작은 곁방 같은 공간을 발견하고 점심시간과 휴식시간에 이곳의 석회암을 파 나갔습니다. 그는 5년에 걸쳐 오늘날 '마온항 복도'라고 알려져 있는 일단의 놀라운 조각들을 제작합니다. 빛이라고는 횃불밖에 없는 곳에서 데퀴르는 기본적인 연장만으로 자신이 과거에 거쳐갔던 건축물들을 세부까지 정밀하게 재현했습니다. 마온항, 그랑 포르 필리프, [파리의] 병영 구역 같은 곳들을요.

안타깝게도 그는 자신이 완성한 조각들이 있는 방으로 이어진 계단을 파다가 천장이 무너지는 바람에 목숨을 잃고 말았습니다. 그의 조각들은 살아남았고, 수년간 여러 차례 멋지게 복원됐지요. 지하 납골당 투어 코스 중 하나로 이 작품들을 만나실 수 있습니다. ※

FRÉDÉRIC BARON & CLAIRE KITO
i love you Wall
SQUARE JEHAN-RICTUS • 14, PLACE des ABBESSES • 18ᵉ

프레데릭 바롱·클레어 키토, 〈아이 러브 유〉, 2000

📍 지앙릭투스 공원, 아베쓰 광장 14번지(18구)

오늘도 내일도,
너를 사랑해

Frédéric Baron and Claire Kito, I Love You Wall(Le mur des je t'aime), 2000,
Square Jehan-Rictus, 14, place des Abbesses(18th arrondissement)

몽마르트는 아마 파리에서 가장 낭만적인 구역일 거예요. 예스러운 돌들로 포장된 거리, 그림 같은 유서 깊은 공원들, 언덕 위에 똬리를 튼 회색 슬레이트 지붕들, 안락한 카페들, 그리고 엽서에서 막 튀어나온 듯한 파리의 아름다운 전경. 왜 관광객과 주민들 모두 몽마르트의 좁은 거리로 몰려들어 이곳저곳을 거닐며 파리 생활의 즐거움을 맛보려 하는지 쉽게 이해할 수 있죠. 낭만은 이곳의 분위기에만 존재하는 게 아니랍니다. 말 그대로 벽에도 흩뿌려져 있어요. 아베쓰Abbesses 지하철역 입구의 아르누보 양식 덮개 바로 뒤에는 낭만적이라고 잘 알려진, 지앙릭투스라는 작은 공원이 있습니다.

이 수수한 공원에는 2000년 이후 많은 연인이 250개의 다른 언어로 '너를 사랑해'라고 쓰여 있는, 코발트빛 푸른색 〈아이 러브 유 I Love You〉 앞에서 사진을 찍기 위해 찾아옵니다. 〈아이 러브 유〉는 총 612개의 에나멜을 입힌 용암 타일로 구성돼 있으며, 프레데릭 바롱 Frédéric Baron과 클레어 키토 Claire Kito가 사랑으로 상처 입은 마음과 사랑이 결핍된 세상 많은 곳을 상징하는 붉은색 페인트를 군데군데 칠해놓았죠.

바롱은 1992년, 친구과 이웃에게 '너를 사랑해'라고 공책에 써 달라고 부탁해 모으기 시작했습니다. 그리고 나중에는 사랑이 세계 각지에서 어떻게 표현되는지 기록하자는 취지로 여러 나라 대사관에게 같은 문구를 자국의 언어로 써달라고 요청했지요. 몇 년 뒤 그의 파트너인 서예가 키토가 바롱의 이 수집물들을 흰색 활자로 옮기기 시작했고 그것이 결국 오늘날 우리가 보는 벽으로 탄생한 것이지요.

〈아이 러브 유〉는 누구나 무료로 볼 수 있기에 항상 많은 연인이 찾습니다. 그러니 이곳을 방문할 때는 여러분의 낭만과 함께 인내심도 챙겨오는 걸 잊지 마세요. ✖

GALERIE COLBERT

4, RUE VIVIENNE • 2ᵉ

콜베르 갤러리

📍 비비엔가 4번지(2구)

유행을 선도하는 상점에서
모두를 위한 문화 공간으로

Galerie Colbert, 4,
rue Vivienne(2nd arrondissement)

19세기 파리에 등장하기 시작한 지붕 덮힌 보도는 파리의 부유한 시민들에게 나쁜 날씨와 진흙투성이 바닥, 그리고 혼잡한 길거리 때문에 성가실 걱정 없이 작은 소비를 만족하며 즐길 수 있는 장소였습니다. 쇼핑몰에 대한 나폴레옹 시대의 해법이라고 할 수 있죠. 대부분의 아케이드 상점가는 아름다운 외관으로 행인들을 끌어들이기 위해 설계됐습니다. 많은 곳이 유리 지붕과 장식 가스등, 조각상, 손으로 직접 그린 벽화들을 갖추고 있었죠. 한때는 파리 전체에 150개의 아케이드 상점가가 있었지만, 1853년 시작된 조르주-외젠 오스만Georges-Eugène Haussmann♦의 대대적인 파리 재정비·재개발 사업으로 대부분 철거됐습니다. 남아 있는 24개는 여전히 대중에게 개방돼 있고, 단 한 군데만 빼면 모두 고급 사치품·고서적·찻집·인도 음식점 등 특화된 품목을 취급하는 형태로 쇼핑센터의 기능을 유지하고 있습니다.

건축가 자크 비요Jacques Billaud가 설계해 1826년에 지어진 콜베르 갤러리Galerie Colbert는 가장 예쁜 아케이드 상점가 중 하나로 알려진, 인근의 비비엔 갤러리Galerie Vivienne와 경쟁할 목적으로 문을 열었습니다. 비요는 원형홀 위에 유리 돔을 얹은 멋진 신고전주의 양식 아케이드를 설계하고 양질의 대리석을 넉넉히 사용하는 한편, 여러 모자이크와 큰 수정 촛대crystal candelabra◆◆를 설치했습니다. 호화로운 아르누보 식당인 르 그랑 콜베르Le Grand Colbert는 이 상점가의 비비엔 거리 쪽에 문을 열었죠. 지금도 원래의 내부 장식을 유지한 채 고객들에게 프랑스 요리를 대접하고 있습니다. 뒤이어 고급 상점들이 들어서면서 곧 파리의 최신 유행을 선도하는 상점가로 올라섰습니다. 하지만 오래가지는 못했어요. 1800년대 후반부터 쇠락해 1975년에 이르면 거의 전체가 버려진 상태가 되었지요.

현재 콜베르 갤러리는 프랑스 국립도서관 소유입니다. 여전히 파리에 남아 있는 가장 아름다운 아케이드 보도 가운데 하나인 데다 붐비는 경우도 드물어서 사진을 찍을 최적의 장소죠. 예전에 소매점들이 있던 자리는 문화 기관들로 바뀌어 현재는 국립 미술사 연구소Institut national d'histoire de l'art, 국립 문화유산 협회Institut national du patrimoine◆◆◆ 등이 이곳에 자리 잡고 있습니다. 원형홀에 있던 비요의 대형 촛대는 오래전에 사라졌고, 그 자리에 샤를 프랑수아 르보프Charles-François Leboeuf의 청동상 〈죽어가는 에우리디케 Dying Eurydice〉가 놓여 있어요. 이 작품의 원본은 1822년에 만들어진 대리석 조각으로 루브르에 있는데, 갤러리에 있는 청동상은 1862년에 이 원작으로부터 주형을 떠 제작한 것입니다. 콜베르 갤러리에 입주해 있는 문화 기관들은 많은 공간을 대중에게 개방하고 있고, 상점들이 있던 자리를 활용해 한시적인 행사와 전시회도 자주 개최합니다. ✖

◆ 나폴레옹3세 시대에 파리 시장을 지낸 인물로, 대대적으로 도심을 재개발해 오늘날 파리의 모습을 만들었다.
◆◆ '수정 촛대'로 불렸으나, 실제로는 거대한 촛대 모양의 수정 조명탑
◆◆◆ 큐레이터와 예술품·문화재 복원사를 교육하는 기관

HENRI MAHÉ
Grand Rex murals
1, BOULEVARD POISSONIÈRE · 2ᵉ

앙리 마에, 그랑 레 벽화들

📍 푸아쓰니에대로 1번지(2구)

감염병이 들춰낸
빛나던 시절

Henri Mahé, Grand Rex murals, 1,
boulevard Poissonière(2nd arrondissement)

영화관 겸 극장인 그랑 레Grand Rex는 2020년 코로나 감염병으로 일시 휴업을 해야 하자 그 기간 동안 절실히 필요했던 리모델링과 보수 작업을 하기로 합니다. 65년간 숨겨졌던 비밀이 곧 드러날 줄은 그 누구도 모른 채 말이죠. 영화관 로비의 붉은 카펫이 깔린 계단 꼭대기에 위치한 벽은 수년간 상영이나 공연이 예정된 작품을 홍보하는 포스터들을 붙여두는 곳이었습니다. 포스터들 뒤로 잊혀진 손상된 벽화 한 점이 색이 바래가고 있었고요. 2020년 가을 리모델링 공사를 시작했을 때, 그랑 레는 이 벽화를 예전의 한창 때 상태로 복원하기로 결정했고 복원 과정에서 놀라운 과거를 발견했습니다.

영화 제작자 자크 하익Jacques Haïk은 1930년대 초 건축가 오귀스트 블뤼센August Bluysen을 고용해 아르 데코 스타일로 거대한 극장을 설계하고 화려한 영화의 전장을 짓기 시작합니다. 화가 앙리 마에Henri Mahé는 이 영화관 로비 계단 꼭대기와 2층 바에 영화에 대한 찬사를 표현한 벽화를 그려달라고 주문받았습니다. 마에는 로비 벽화로 영화 촬영장을 그렸는데, 가수

미씨아Missia, 배우 로저 레퀴에Roger Lécuyer와 피에로Pierrot로 보이는 어느 광대를 포함해 휴식 중인 다른 출연자들이 근처에 서 있는 동안 한 무리의 해적들이 배에 올라타고 있는 장면이었죠. 그런데 복원 작업으로 이 광대가 보는 것과 다른 인물임이 곧 밝혀졌습니다. 더러워진 페인트층을 닦아내자 피에로의 고깔모자 아래로 찰리 채플린Charlie Chaplin의 얼굴이 드러난 겁니다! 하익은 채플린의 영화를 프랑스에 처음 소개했고 그에게 채롯Charlot이라는 별명도 지어준 사람이니까 채플린은 하익의 극장 벽화에 자신이 그려지는 걸 영광으로 여기고 수락했겠죠. 그런데 왜 그의 얼굴이 가려져 있었을까요? 제2차 세계대전 중 독일이 파리를 점령했을 때 그랑 레는 독일군이 몰수해 군인 영화관으로 사용했습니다. 채플린이 출연한 1940년 영화 〈위대한 독재자The Great Dictator〉가 히틀러와 그의 정권을 공공연하게 조롱하는 내용이었으니, 나치가 벽화 속 그의 모습을 덮어버리려 한 건 놀랄 일이 아니죠. 피에로에게는 작별을 고해야 했지만 벽화 속 채플린의 복원된 얼굴은 하익이 보던 예전 모습으로 돌아왔습니다.

그랑 레의 벽화들을 의뢰받았을 때 20대 중반이었던 마에는 당시 파리에서 낭만적인 보헤미안의 삶을 누리고 있었습니다. 그는 아내와 함께 마라모아Malamoa라 이름 붙인, 센강의 그림 같은 바지선에서 살았어. 흥미로운 많은 사람을 친구로 두기도 했고요. 작가 루이-페르디낭 셀린Louis-Ferdinand Céline, 사진작가 로베르 두아누Robert Doisneau를 포함해 무용수, 영화 제작자, 화가, 변호사뿐 아니라 각계각층의 평범한 파리 시민들과 친하게 지냈습니다. 이 폭넓은 교류가 그에게 창조의 자양분이 됐죠. 마에는 영화관, 서커스, 배, 매춘 업소 같은 곳에 자주 고용돼 프레스코와 벽화를 그렸습

니다. 그 작품 중 대부분은 시간이 흐르면서 소실됐지만, 감염병 확산으로 맞이한 전례 없는 상황 덕분에 재발견된 그랑 레의 벽화는 마에의 삶이 빛나던 시절을 아름답게 기억하는 증거로 남아 있어요.

일곱 개의 스크린과 2,700석의 콘서트홀, 클럽과 박물관까지 갖춘 그랑 레는 오늘날에도 파리의 중요한 문화 공간이랍니다. ※

앙리 마에, 〈로트렉 찬가〉, 〈예술가들에게 바치는 기도〉, 1951

📍 클리시대로 82번지(18구)

벽화 두 점,
그리고 예술가들

Henri Mahé, Homage to Lautrec and Prayer to the Artists, 1951,
Moulin Rouge, 82, bou-levard de Clichy(18th arrondissement)

제2차 세계대전으로 독일군이 파리를 점령한 뒤 물랭루주 Moulin Rouge는 뜻밖의 중흥기를 경험합니다. 나치에게 파리의 가장 소중한 레스토랑과 카바레들을 빼앗긴 아픔이 누그러들기 시작하자, 좋았던 옛 시절로 돌아가고픈 열망이 널리 퍼진 것이죠. 향수의 감정이 도시를 휩쓸었고 영화와 각종 공연, 미술 작품이 너나 할 것 없이 발 두 물랭루주 Bal du Moulin Rouge ◆ 가 전성기를 보냈던 벨 에포크 시대의 끝없는 파티 요소들을 되살립니다. 1889년 문을 연 물랭루즈는 곧 관능과 쾌락, 예술가와 캉캉춤의 신전으로 유명한 전설적 클럽으로 바뀌었습니다.

나이트클럽 소유주인 조르주 '조' 프랑스는 1951년 물랭루즈를 인수해 과거의 영광을 되살리기 위한 대대적인 리모델링을 시작했습니다. 그는 이 구상을 실현시킬 조력자로 앙리 마에 Henri Mahé를 고용하죠. 마에는 벨 에포크 시대의 화려함을 재현하는 한편, 아르누보 디자인과 1900년대 초 카바레의 모습을 예술로 길이 남긴 로트렉 같은 화가들에게 받은 영향이 반영되는 쪽으로 물랭루즈 내부를 개조합니다.

오늘날 물랭루즈의 공연들은 보헤미안과 명사들을 위해 과거의 쇼를 재현한다기보다 관광객들의 취향에 맞춘 볼거리에 가깝습니다. 입장료가 상당히 비싸기에 마에는 이런 공연에 100유로 가까운 금액을 선뜻 쓸 수 없는 방문자들을 위한 선물을 하나 남겼답니다. 클리시 대로변 물랭루즈 입구쪽 복도의 양쪽에 1951년 마에가 그린 벽화 두 점이 있어요. 왼편은 〈로트렉 찬가Homage to Lautrec〉, 오른쪽은 〈예술가들에게 바치는 기도Prayer to the Artists〉죠.

〈로트렉 찬가〉에는 물랭루즈 역사 속 잘 알려진 인물들이 담겨 있습니다. 한 구석에서 로트렉이 그림을 그리고 있고, 검은 스타킹을 신은 벨 에포크 시대의 캉캉 댄서들(아마도 라 구뤼La Goulue, 제인 아브릴Jane Avril, 그리예 데구Grille d'Egoût◆◆인 듯합니다)이 춤을 추고 있습니다.

남성 캉캉 댄서 발렝탕 르 데소쎄Valentin le Désossé와 붉은 스카프를 두른 아리스티드 브뤼앙Aristide Bruant,◆◆◆ 미술 평론가이자 수집가인 펠릭스 페네옹Félix Fénéon, 당나귀 등에 탄 여가수 미스탱게트Mistinguett도 보이네요. 마에의 아내 마들렌Madeleine은 오른쪽 아래 구석에 등장합니다.

〈예술가들에게 바치는 기도〉에는 주로 1940년대와 1950년대 공연자들이 담겨 있습니다. 물랭루즈 공연의 무대 커튼을 열던 소인 피에랄Piérral(로베르 두아누의 사진 속에 마에와 함께 찍힌 모습으로 유명하죠), 복화술사 로베르 라무레Robert Lamouret, 다리 긴 무용수와 곡예사들, 육감적인 무희들과 시바Shiva◆◆◆◆, 그리스도, 채플린도 있습니다.

물랭루즈의 값비싼 공연표를 살 수 없더라도 길가에 서서 벽화를 통해 그 일부를 경험할 수 있는 것이죠. ✖

◆ '카바레 물랭루즈'의 정식 명칭

◆◆ 모두 물랭루즈의 절정기를 이끈 대표적인 캉캉 댄서들

◆◆◆ 벨 에포크 시대의 유명한 남성 가수. 로트렉의 포스터에 검은 외투와 붉은 스카프를
입은 모습으로 자주 등장했다.

◆◆◆◆ 힌두교의 주요 신 중 하나로 파괴의 신

JACQUES MONESTIER
The Defender of Time
8, RUE BERNARD de CLAIRVAUX • 3ᵉ

자크 모네스티에르, 〈시간의 수호자〉, 1979

📍 베르나르 드 클레르보가 8번지(3구)

매시 정각이면

Jacques Monestier, The Defender of Time(Le Défenseur du Temps),
1979, 8, rue Bernard de Clairvaux(3rd arrondissement)

'시계 구역Quartier de l'Horloge'이라 이름 붙은 동네의 어느 공터court-
yard에 파리에서 가장 특이하고 영웅 서사적인 시계가 있습니다. 예술가 자
크 모네스티에Jacques Monestier가 1979년에 제작한 〈시간의 수호자The De-
fender of Time〉인데요. 이 작품은 마치 중세 이야기에서 막 튀어나온 듯 보여
요. 건물로 둘러싸인 광장에 청동 인물 하나가 박혀 있는데, 두 발을 바위 위
에 딛고 서서 한 손에는 방패를, 다른 손에는 칼을 치켜든 채 전투에 나서려
는 모습입니다. 그의 적들인 바다를 상징하는 큰 게, 각각 땅과 하늘을 상징
하는 비늘로 덮힌 용과 맹금류의 발을 가진 새가 그를 둘러싸고 있고요.

아쉽게도 이 조각에 내장된 경이로운 자동화 시계는 2003년 이후 멈
췄습니다. 하지만 시계가 잘 돌아가던 시절에 이 청동 전사는 밤낮으로 괴물
들과 싸워 승리를 거뒀답니다. 아침 9시부터 밤 10시까지 매시 정각이면 전
투 시작을 알리는 북소리가 울렸습니다. 그러면 컴퓨터 프로그램이 무작위
로 고른 세 동물 중 하나가 공격에 나서죠. 이때 선택된 동물에 따라 파도 부
서지는 소리나 땅이 뒤흔들리는 소리, 아니면 바람이 휘몰아치는 소리가 났

고요. 정오와 저녁 6시, 하루를 마감하는 밤 10시에는 세 동물이 차례로 덤벼드는데, 청동 전사는 그들을 모두 쓰러뜨렸습니다.

시계 구역의 공터로 들어가는 모퉁이를 돌아 이 멋진 작품을 처음으로 보신다면, 여러분도 신화 속 환상의 나라로 들어가는 비밀의 문을 발견한 기분을 느끼실 거예요. ※

JULES COUTAN & CHARLES RISLER
Sèvres Art Nouveau Portico
SQUARE FÉLIX-DESRUELLES • 168 bis, BOULEVARD SAINT-GERMAIN • 6e

줄스 쿠탕·샤를 리슬러, 세브르 아르누보 포티코

📍 펠릭스-드루엘 공원, 생 제르망대로 168-2번지(6구)

세브르 자기 공장의
거대한 카달로그

Jules Coutan and Charles Risler, Sèvres porcelain Art Nouveau portico,
Square Félix-Desruelles, 168 bis,
boulevard Saint-Germain(6th arrondissemt)

우리에게 잘 알려지지 않은 펠릭스-드루엘Félix-Desruelles 공원은 생 제르망 교회 뒤, 교회로 들어가는 차로를 바로 지나는 곳에 위치합니다. 이 공원은 정원은 약하지만, 그 대신 아르누보 시대에서 바로 나온 듯한 아름답고 섬세한 포티코가 감탄을 자아내죠. 오렌지색, 푸른색, 녹색, 노란색의 빛깔에 다양한 인물과 식물, 꽃들의 형상으로 장식한 멋진 포티코는 생 제르망 대로 쪽에서 걸어오다 보면 놓치고 지나치기 쉽습니다.

높이 10m에 너비 12m인 이 대단한 작품은 공원 끝에 있는 벽에 마치 아르누보 시대로 가는 통로인 것처럼 붙어 있습니다. 아치 위 자기 타일에는 '세브르Sèvres'라고 쓰여 있는데요. 세브르는 프랑스에서 가장 유명하고 유서 깊은 도자기 공장으로 같은 이름을 가진 파리 서쪽 교외 작은 고장에 자리합니다. 사실 이 포티코는 세브르 자기 공장의 솜씨를 보여주는 시각적 과시물이기도 합니다. 이 공장에서 활용 가능한 귀한 재료와 양식을 망라한 거대한 카탈로그인 셈이죠. 원래 이 작품은 1900년 만국박람회Universal Exposition 때 프랑스 장식 예술 기념관의 입구로 제작되었습니다.

정교한 아르누보 꽃무늬 타일과 식물·꽃·과일 조각들, 도자기의 여신이 있는 중앙의 메달리온medallion, 도자기를 만들고 있는 프리즈frieze의 벌거벗은 아기 천사들이 이 포티코의 자랑이랍니다. 이 포티코는 건축가 샤를 리슬러Charles Risler와 조각가 줄스 쿠탕Jules Coutan이 구상한 작품으로 리슬러는 포티코의 사암 아치를 맡았어요. 쿠탕은 뉴욕 그랜드 센트럴 터미널Grand Central Terminal의 42번가 입구 위에 있는 〈상업의 영광Glory of Commerce〉을 조각한 사람입니다(시계 달린 그 조각이요!).

펠릭스-드루엘 공원 포티코의 장식들은 세브르가 생산하는 제품들의 샘플 중 일부에 불과합니다. 1756년 설립된 세브르 도자기 공장은 루이14세에 의해 왕실 소유가 됐습니다. 설립 이래로 이곳은 순수 도자기, 접시, 꽃병, 탁자, 도자기 조각 등 모든 종류의 세라믹 장식을 생산하고 있지요.

이 포티코는 특히 독서를 하거나 커피를 마시는 데 제격인, 조용하고 단촐한 공원에 어울리는 정말 볼 만한 작품입니다. 1905년 이후로 그 자리에서 방문자들을 맞이하고 있답니다. ✖

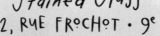

LE SHANGHAI
Stained Glass
2, RUE FROCHOT · 9ᵉ

르 샹하이, 스테인드글라스

📍 프로쇼가 2번지(9구)

두 거리가
만나는 곳에서

Le Shanghai stained glass, 2,
rue Frochot(9th arrondissement)

사유로인 프로쇼로의 문 달린 입구 바로 왼편에는 1920년대 파리의 반짝이는 유물이 있습니다. 훌륭한 레스토랑과 바들로 인기 있는 피갈 남쪽의 어느 거리, 즉 공공 도로인 프로쇼가와 사유로인 프로쇼로가 만나는 지점은 한때 지적 창조의 중심이었죠. 프로쇼로에는 장고 라인하르트 Django Reinhardt◆, 알렉상드르 뒤마 Alexandre Dumas, 샤를 보들레르 Charles Baudelaire와 화가 오귀스트 르느와르 Auguste Renoir의 아들인 영화 제작자 장 Jean이 살았습니다. 귀스타브 모로 Gustave Moreau와 로트렉 같은 화가는 이곳에 작업실을 두었고요. 많은 이의 사랑을 받은 프랑스 작곡가 빅토르 마쎄 Victor Massé는 이 거리에서 세상을 떠났답니다.

르 상하이 Le Shanghai 카바레는 파리의 밤 문화가 절정을 이루던 1920년대에 프로쇼가 2번지의 유서 깊은 건물에서 문을 열었습니다. 중국풍의 영향을 받은 이곳 장식은 건물 외부까지 확장돼, 전면을 감싸고 있는 거대한 스테인드글라스로 이어집니다. 아르 데코와 오리엔탈리즘 Orientalism◆◆이 아름답게 융합한 이 유리창은 조르주 아노어 Georges Hagnauer가 제작헀

는데, 후지산 앞바다 정경을 표현한 일본 판화가 호쿠사이|Katsushika Hoku-sai의 〈카나가와 해변의 파도 아래에서Under the Wave off Kanagawa〉에 기반을 두고 있습니다. 사실 중국풍이 아니라 일본풍인 셈이지요.

아무튼 지리 문제는 제쳐두고, 이 스테인드글라스는 마치 반짝이는 유리 벽화처럼 두 거리가 만나는 모퉁이 전체를 감싸며 뻗어 있어서 굉장히 멋지답니다. 저녁이 되면 조명과 함께 색유리창이 안에서부터 빛나고, 채색된 물보라가 살아나는 것처럼 보여요. 현재는 옛 카바레에 이벤트홀이 자리 잡고 있는데, 주변 이웃들에게 즐거움을 주기 위해 종종 건물 내부에 불을 켜두기도 합니다. ✻

◆ 프랑스에서 활동한 벨기에 태생의 집시 재즈(집시 스윙) 기타 연주자
◆◆ 미술에서 오리엔탈리즘은 이국적인 동양풍을 뜻한다.

MAISON FACCHETTI

Sgraffito

134, RUE MOUFFETARD · 5e

메종 파케티, 스그라피토

📍 모페타르가 134번지(5구)

긁어내며
완성되는 예술

Maison Facchetti sgraffito, 134,
rue Mouffetard(5th arrondissement)

파리에서 가장 오래된 거리 중 하나인 모페타르가에는 15세기 기법으로 20세기 초에 꾸며진 17세기의 건물이 하나 있습니다. 각기 다른 시대가 융합하면 어울리지 않을 것 같지만, 모페타르가 134번지에 위치한 이 신기한 건물은 오래된 시장 거리에서 가장 아름다운 전면부를 뽐내고 있답니다. 돼지·토끼·비둘기·멧돼지·사슴이 갈색과 은은한 금빛의 단색 배경 속에 아름답고 세밀하게 묘사된 덩굴·잎사귀·곡물의 무늬와 뒤섞여 있어요. 이 건물 전면의 그림은 이탈리아 르네상스 때 유행한 스그라피토 Sgraffito (대략 '긁다' 정도로 번역할 수 있어요)라는 섬세한 기법으로 제작됐습니다.

1929년 메종 파케티 Maison Facchetti (육류와 치즈를 전문으로 취급하는 조제 식품점 delicatessen)의 주인은 가게 전면을 멋진 홍보 수단으로 바꾸기 위해 아디게리 Adigheri라는 이탈리아 석공을 고용합니다. 아디게리는 이 가게에서 고기로 취급하는 동물들이 가게 전면에 담기도록 정교하게 디자인했습니다. 다소 재미없는 주문에 대한 능숙하고 예술적인 해결책이었죠. 그는 건물 전면을 스그라피토 기법으로 칠하기로 결정했는데, 앞서 언급했듯이 르네상스 시대 건물 외관을 꾸미기 위해 널리 사용됐던 이 기법은 아르누보 시대에 들어 다시 부흥하는 중이었습니다. 이 기법은 처음에 색 입힌 회반죽을 발라 바닥층을 만들고, 바닥층이 마르면 그 위에 그와 대비색인 회반죽을 덮어줍니다. 그러고 나서 위층을 팔레트 칼이나 날카로운 도구로 긁어내면, 긁지 않은 부분에는 위층의 색이 남고 긁어낸 부분에는 아래층의 빛깔이 드러나는 방식이지요.

아디게리의 스그라피토는 아주 미묘해서 갈색과 금색 빛깔이 바로크풍의 화려함을 더하며, 흐린 날에는 어두워 보이고 맑은 날에는 밝게 느껴지는 신기한 작품입니다. 아디게리는 가게 2층의 외벽 판넬에 중세풍으로 전원 풍경도 네 점 그렸습니다(머리 위에 고양이를 올리고 있는 듯 보이는 오른쪽 여성을 보세요!). 메종 파케티는 2001년에 문을 닫았지만 아디게리의 멋진 스그라피토는 1993년에 역사적 유물로 지정됐으니 그 자리에 계속 남아 있을 거예요.

모페타르가는 또한 문학 걸작에 영감의 원천이 되기도 했답니다. 위고가 《레 미제라블Les Misérables》을 쓸 때 영감을 주었고, 어니스트 헤밍웨이의 회고록 《파리는 날마다 축제A Moveable Feast》에도 등장하거든요. 헤밍웨이는 모페타르와 만나는 거리 데카르트가rue Descartes 39번지에 살았습니다. ※

MANUEL NÚÑEZ YANOWSKY

Fifteen Replicas of Michaelangelo's Dying Slave
80, AVENUE DAUMENSIL • 12ᵉ

마누엘 누네즈 야노프스키, 미켈란젤로의 〈죽어가는 노예〉 복제품, 1988

📍 도메닐가 80번지(12구)

산책로에서 미켈란젤로의
열다섯 노예를 만나는 법

Manuel Núñez Yanowsky,
Fifteen replicas of Michelangelo's Dying Slave(L'esclave mourant),
1988, 80, avenue Daumensil(12th arrondissement)

이제 미켈란젤로의 16세기 대리석 조각 〈죽어가는 노예Dying Slave〉를 보러 루브르에 갈 필요가 없어요. 한 자리에서 같은 작품을 열다섯 개나 볼 수 있는데 굳이 단 한 개를 보기 위해 군중들 틈에서 씨름할 필요가 있을까요?

아르 데코의 영향을 받은 경찰서 건물 지붕 발코니에는 곡면을 따라 실물보다 큰 열다섯 개의 미켈란젤로 작품 복제품이 나란히 박혀 있습니다. 모두 왼팔을 머리 뒤로 굽힌 똑같은 자세를 취한 채 건물에 흡수된 것처럼 붙어 한숨을 쉬고 있지요. 이 복제들은 혁신적인 건축가 마누엘 누네즈 야노프스키Manuel Núñez Yanowsky가 이 건물을 완성하던 1988년에 제작되었습니다.

열다섯 명의 죽어가는 노예들을 자세히 볼 수 있는 가장 좋은 방법은 수목 산책로Promenade Plantée라고도 불리는, 길 건너 쿨레 베르트 레네-두몽Coulée verte René-Dumont으로 가는 겁니다. 옛 뱅센Vincennes 철로를 덮고 있는 이 공원은 1993년 문을 연, 지대가 높은 아름답고 긴 녹시 코스입니다. 1859년부터 1969년까지 사용됐던 5km의 기차 노선 구간에 수목을 심어 조성했는데, 바스티유 오페라하우스 Opéra Bastille 부터 동쪽 외곽순환대로 boulevard Périphérique beltway 까지 이어져 있습니다. 서쪽 입구 주변에서 이 공원 산책로는 예술 고가교 Viaduc des Arts 위로 올라가 있어요. 과거 철로가 지나던 이 다리의 아치들은 현재 유리·가구·귀금속 등을 제작하는 장인들의 공방으로 바뀌었습니다. ※

MATTI SUURONEN
Futuro House

DAUPHINE MARKET • SAINT-OUEN FLEA MARKET
140, RUE des ROSIERS

마티 수로넨, 푸투로 하우스, 1988

📍두핀 시장 & 상 뚜앙 벼룩시장, 로지에가 140번지(18구 밖)

플라스틱 비행접시로 꿈꾸는
미래의 집

Manuel Núñez Yanowsky,

Fifteen replicas of Michelangelo's Dying Slave(L'esclave mourant),

1988, 80, avenue Daumensil (12th arrondissement)

관광객, 시민, 예술 애호가, 인테리어 디자이너 등 많은 사람이 각기 다른 시대의 보물을 찾기 위해 파리 외곽의 상 뚜앙Saint-Ouen 벼룩시장을 자주 찾아옵니다. 상 뚜앙에 위치한 15개 시장은 100년이 넘도록 과거 프랑스가 남긴 고물과 보물을 취급해왔습니다. 루이15세 시대의 가구부터 19세기와 20세기 거장들의 그림들, 아르 데코와 아르누보의 진품 가구들, 조그만 장신구, 빈티지 드레스까지 그야말로 만물상인 것이죠. 하지만 이 거대한 시장에는 귀족 저택의 가구들과 100여 년 된 골동품 같은 보물만 있는 게 아니랍니다. 이곳에는 활기찬 1960년대에서 날아온 보기 드문 귀한 건축물도 있지요. 바로 핀란드 건축 디자이너 마티 수로넨Matti Suuronen의 푸투로 하우스Futuro House입니다.

규격화된 부품들을 조립해 만든 푸투로 하우스는 탑승을 기다리듯 사다리를 내려놓고 비행접시처럼 두핀Dauphine 시장에 내려앉아 있어요. 1960년대 우주 시대 스타일을 보여주는 한 사례인 이 건물은 인류가 처음으로 지구 밖 환경 탐사에 나서며 한창 열광하던 1968년에 수로넨이 설계한 조립식 주택입니다. 미리 제작된 강화 플라스틱 섬유유리 부분을 조립해 지름 8m의 공간으로 완성한 이 집은 원래 이틀 안에 지을 수 있을 뿐 아니라, 헬리콥터로 공수해 어느 곳으로나 옮길 수 있으며, 난방도 편리한 스키장 휴게소ski cabin로 구상했습니다. 수로넨은 자신의 작품이 자유로이 이동하며 사는 유토피아적 미래의('Futuro'는 이탈리아어로 '미래'라는 뜻입니다) 주택이 될 거라고 생각했죠.

오늘날에는 복고풍의 미래주의 예술과 건축을 힙하다고 여기지만 수로넨이 살던 당시에는 그렇지 않았습니다. 비평가들은 이 플라스틱 비행접시가 아름다운 산속 경관에 끼어드는 걸 달가워하지 않았죠. 사실 수로넨의 낯선 건물은 자주 적대감과 혐오의 대상이 되었답니다. 언론은 푸투로 하우스를 최악의 디자인이라 불렀고, 은행은 이 건물을 짓는다고 하면 자금을 대출해주길 꺼렸어요. 도시와 지자체 정부는 푸투로의 건축 허가 구역을 제한하기 일쑤여서 결국 많은 고객이 건축 주문을 취소했습니다. 수로넨이 지은 100여 개의 푸투로 모델 가운데 현재는 63개만 남아 있습니다. 두핀 시장의 이 날렵한 플라스틱 오두막은 방문객들에게 무료로 개방 중이고, 특별한 이벤트를 위한 대여도 가능하답니다! ❉

SAINT-EUSTACHE CHURCH
Modern Art
2, IMPASSE SAINT-EUSTACHE • 3ᵉ

생 테스타슈 성당, 현대미술

📍 생 테스타슈 코너 2번지(3구)

성당과
현대미술

Modern art of Saint-Eustache Church,
2, impasse Saint-Eustache (3rd arrondissement)

화려한 장식의 생 테스타슈 Saint-Eustache 교회는 1637년 공사가 시작된 지 거의 100년 만에 무명의 건축가들에 의해 완공됐습니다. 이곳에는 성 유물에 기도를 바치려는 전통적인 신자들뿐 아니라 멋진 교회 건축과 함께 현대미술 컬렉션을 보려는 뜻밖의 방문자들이 많이 찾아와요. 휘황찬란한 고딕, 르네상스 양식의 디테일과 높이 솟은 천장은 바로 교회 옆에 위치한, 북적이는 쇼핑센터 포룸 데 알 Forum des Halles 로부터 벗어나 잠깐의 휴식과 정적을 제공합니다. 포룸 데 알은 현재 대형 쇼핑센터이지만 1971년 철거 전까지 수백 년 동안 파리의 대표적인 신선 식품 시장이었습니다.

앙리 드 밀러 Henri de Miller의 조각 〈듣기 Écoute〉는 생 테스타슈 교회의 미술 컬렉션이 시작되는 계기가 된 작품입니다. 한쪽으로 누운 거대한 석조 머리와 귀를 감싸듯 오므린 손의 형상을 한 이 작품은 교회 남쪽 입구 바깥에서 방문객들을 맞이하고 있습니다.

교회 안에는 창문에서부터 작은 예배당에 이르기까지 여러 현대미술 작품들이 조용히 사리 잡고 있죠. 2003년 키스 해링 Keith Haring 재단이 기증한 그의 〈그리스도의 생애The Life of Christ〉 중 한 점도 예배당 한 곳에 놓여 있습니다.

1990년 해링이 죽기 직전에 제작한 이 세 폭 제단병풍은 하얀 동록◆이 덮힌 청동 위에 그만의 전형적인 스타일로 인물들을 새겼는데, 중앙 판넬에는 성모마리아의 팔에 안긴 아기 예수의 모습을 담았습니다(세심한 독자들은 《아트 하이딩 인 뉴욕》에서 이 작품을 보셨다는 걸 기억하실 거예요. 같은 작품의 다른 버전이 세인트 존 더 디바인 성당에 있지요).

교회에 있는 플럭서스Fluxus◆◆ 예술가 존 암리더John Armleder의 작품은 돼지 도축이라는 뜻밖의 주제를 표현하고 있습니다. 돼지도축업자협회는 17세기 이래로 이 교회의 후원자 중 하나였고 회원들의 회비로 교회에 도축업자들의 예배당Chapel des Charcutiers을 마련하기도 했답니다.

이 협회는 2000년 암리더에게 자신들의 예배당 제단과 납골함뿐 아니라 그의 트레이드마크인 '쏟아 붓기 그림Pour Painting'◆◆◆ 두 점을 제작해 달라고 의뢰했죠. 이 작품들은 역시 협회가 발주해 제작한 돼지와 소시지의 모습을 담은 스테인드글라스와 함께 예배당을 장식하고 있습니다.

조각가 론 메이슨Ron Mason은 프랑스 각지에서 온 과일과 채소를 파는 상인들로 시끌벅적하던 르 알의 옛 모습을 재현했습니다. 그의 1969년 작품 〈옛 르 알의 재현Evocation of the Anciennes Halles〉은 생 테스타슈 교회의 부벽을 배경으로 대파·케일·배추 등의 채소 바구니들 앞에서 떠들썩한 군중을 묘사하고 있지요.

생 테스타슈는 피터 폴 루벤스Peter Paul Rubens, 루틸리오 디 로렌초 마네티Rutilio di Lorenzo Manetti, 산티 디 티토Santi di Tito 같은 화가의 보다

전통적인 종교화들도 소장하고 있어요. 물론 이 작품들 모두 무료로 보실 수 있답니다. ❉

◆ 청동이나 구리, 황동이 산소에 노출돼 표면에 생기는 부식층
◆◆ 1960년대에 형성된 국제적인 전위 예술가 그룹. 백남준도 여기에 속한다.
◆◆◆ 말 그대로 특정 구도나 의도한 계획에 따른 것이 아닌, 캔버스나 화면에 물감을 쏟아 부어 생기는 우연한 형상으로 제작한 그림

MUSÉE de la SCULPTURE en PLEIN AIR
11 BIS, QUAI SAINT-BERNARD • 5e

야외 조각 미술관

📍생 베르나르 강변로 11-2번지(5구)

조각인가?
풍경인가?

Musée de la Sculpture en Plein Air(Outdoor Sculpture Museum), 11 bis,
Quai Saint-Bernard(5th arrondissement)

생 베르나르 강변로에는 센강둑을 끼고 흩어져 있는 일련의 야외 조각들이 방문객들을 기다립니다. 20세기 후반의 중요한 예술가들이 1954년부터 1988년까지 제작한 오십 개의 작품이 발뤼베르 광장 Place Valhubert 부터 티노 로씨 정원 Tino Rossi gardern 을 따라 쉴리 다리 Pont de Sully 까지 펼쳐져 있어요. 야외 조각 미술관 Musée de la Sculptureen Plein Air 이라는 이 작품 컬렉션의 명칭은 사실 약간 부적절한 이름입니다. 정식 미술관이 전혀 아니거든요. 조각들은 대중에게 개방된 공원 여기저기에 놓여 있어서 문 닫을 일도 없고, 그곳을 지나가는 이라면 누구나 무료로 감상할 수 있답니다.

1980년 조성된 이 '미술관'은 20세기 후반의 예술가들을 기리기 위해 세워졌습니다. 조각품들이 공원 곳곳의 잔디밭·벤치·물가·보도 주변·분수 등에 흩어져 있죠. 대부분 돌이나 금속으로 제작된 작품들은 연중 날씨를 견디며 주변 전경을 이루는 일부로 자리 잡았습니다.

이 공원 조각들 중 하이라이트는 유명 작가 알렉산더 아르키펭코 Alexander Archipenko, 장 아르프 Jean Arp, 세자르 발다지니 César Baldaccini, 콘스탄틴 브랑쿠시Constantin Brâncuşi의 작품이죠. 그렇지만 이들보다 덜 알려진 작가의 멋진 작품도 많습니다.

공원에 소풍 와서, 또는 와인을 즐기며 이 조각들을 감상하시면 더할 나위 없지요. 이 근처의 센강둑은 정말 낮아서 거의 강물이 손에 닿을 정도랍니다. 그야말로 사색적인 공간이에요. ✳

2장

거장들과 함께 만찬을

파리에서는 식사도 예술만큼이나 중요합니다.
끝없는 커피·치즈·와인의 향연과 풍성한 요리의 전통은 그 자체로 예술이죠.
믿기지 않는 가격만 제외한다면 레스토랑 탐방은 파리의 역사로 들어가보는
한 가지 방법이랍니다. 유서 깊은 레스토랑에서 카페 문화를 접하며
19세기와 20세기를 여행해보거나 박물관급의 수준 높은 예술 작품이 있는 곳에서
훌륭한 식사를 즐겨보세요. 미식에 관한 한 파리에서 잘못된 선택을 할 일은 없으니까요.
파블로 피카소Pablo Picasso, 빈센트 반고흐Vincent van Gogh,
거트루드 스타인Gertrude Stein◆, 드가 같은 거장이 드나들던 곳을
차례로 돌아보고, 달리가 매년 머물며 초현실주의 영감을 받던 방에서
호화로운 만찬을 즐기거나, 현대미술 작품 아래 앉아서
괜찮은 가격으로 한 끼 식사를 누려 보세요.
파리에서 예술과 음식은 환상적인 조화를 이룬답니다.

◆ 미국의 소설가·시인. 1920년대 파리에 체류하던 미국 문화계 명사 중 대표 인물

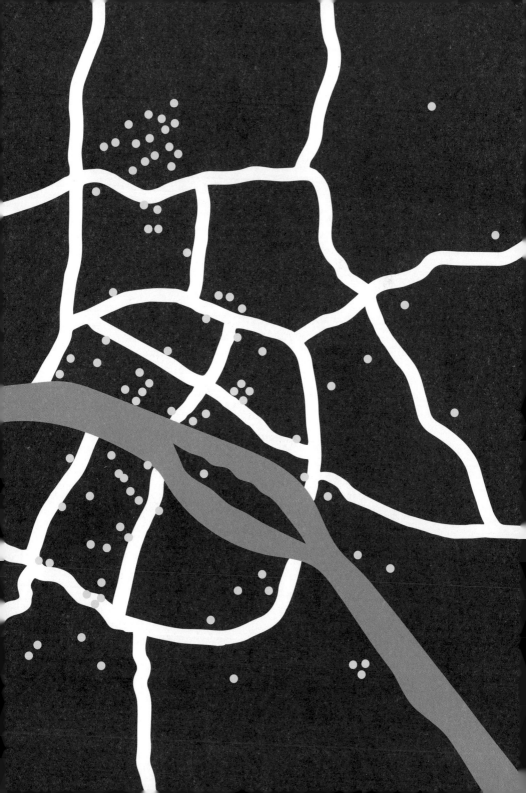

LA BONNE FRANQUETTE
18, RUE SAINT-RUSTIQUE • 18ᵉ

라봉 프랑케트

📍 생 루스티크가 18번지(18구)

반고흐가
압셍트를 마시던 곳에

La Bonne Franquette, 18,
rue Saint-Rustique(18th arrondissement)

오스만Haussmann이 센강 서안을 밀어버리고 재개발에 나서자, 예술가들은 저렴하고 소박한 거처를 찾아 몽마르트로 이주했습니다. 그 당시 몽마르트는 여전히 꽤 전원적인 지역이었어요. 여러 개의 작은 농장·포도밭·비포장도로·시골집이 자리 잡은 언덕 옆으로 풍차들이 흩어져 있고, 로마 시대 이후로 꾸준히 사용 중이던 석회 채굴장 옆에는 누추한 판잣집들도 있었습니다. 이에 예술가들은 값싼 작업실을 구하기 위해 이 새로운 구역(이 지역은 1860년 정식으로 파리에 편입됐습니다)으로 몰려들었죠. 이곳은 프랑스의 수도에 위치하지만 전원생활의 매력을 지니고 있는 데다 활기찬 밤 문화도 누릴 수 있었으니까요.

1880년대까지 예술가들은 몽마르트에서 가까운 라팡 아질Lapin Agile, 르 샤 누아Le Chat Noir, 발 두 물랭루즈Bal du Moulin Rouge 같은 카바레에서 시끌벅적한 저녁을 보내며 자유분방한 보헤미안의 삶을 살았습니다. 몽마르트 주변 일대에는 다른 예술가와 교류할 수 있는 카페와 여인숙도 많았죠. 인상주의자들은 돌바닥으로 포장된 거리의 꼭대기에 있던 오 빌야르

엥 부아Aux Billards en Bois라는 식당 겸 여인숙을 자신들의 아지트로 삼았습니다. 16세기에 지어진 목재 골조 건물인 이 식당에는 나무들과 격자울타리trellises로 둘러싸인 정원이 있고, 이름에 담긴 의미대로 당구대도 갖추고 있었습니다. 세잔·르누아르·폴 고갱·드가는 가까이에 집과 작업실이 있었던 수잔 발라동Suzanne Valadon과 그 아들 모리스 위트릴로Maurice Utrillo와 함께 이 정원에서 자주 모였답니다. 발라동과 위트릴로의 집은 현재 몽마르트박물관Museum of Montmartre이 됐어요. 이 식당의 가장 유명한 단골은 아마 반고흐일 텐데, 그는 로트렉에게 초대받아 어느 저녁 바에서 압생트♦를 마시러 처음 이곳에 발을 들였다고 합니다. 반고흐는 이 식당 정원에서 보냈던 시간의 단편을 1886년에 〈선 술집La Guinguette〉이라는 그림으로 남겼는데, 이 그림은 지금은 오르세미술관에 걸려 있습니다.

1923년 언덕 꼭대기에 사크뢰 쾨르Sacré-Coeur 성당이 완공된 뒤, 이 식당은 라 봉 프랑케트로 이름을 바꿔 지금도 영업 중입니다. 관광객들이 예술가들을 대신한 지 오래지만, 이 식당은 인상주의자들이 경험했던 각성을 느껴 보려는 사람에게 아직도 압생트를 팔고 있어요. ※

♦ 19세기 말부터 20세기 초까지, 유럽에서 유행하던 향쑥 성분이 포함된 증류주의 일종. 알코올 도수가 45도 이상인 독한 술

CAFÉ de la ROTONDE
105, BOULEVARD du MONTPARNASSE • 14ᵉ
LA ROTONDE

카페 드 라 로통

📍 몽파르나스대로 105번지(14구)

넉넉한 인심이 남긴
예술 명소

Café de la Rotonde, 105,
boulevard du Montparnasse(14th arrondissement)

1910년대 몽파르나스는 전 세계 예술가·작가·지식인이 모여 커피와 음료를 마시며 각자 자신 분야의 최신 이슈를 논하는 파리 카페 문화의 중심지로 자리 잡았습니다. 카페 드 라 로통Café de la Rotonde은 그중에서도 가장 인기 있는 장소였는데, 이는 배고픈 예술가들을 환대하는 카페 주인 빅토르 리비옹Victor Libion의 태도 덕분이었습니다. 리비옹은 예술가 손님들이 에스프레소 한 잔을 시켜놓고 몇 시간씩 앉아 있어도 아무 말 하지 않았고, 가끔 빵 진열대에서 바게트를 슬쩍 해도 못 본 척 눈감아 주었답니다. 뿐만 아니라 예술가들에게 특히 경기가 좋지 않은 시기에는 냅킨에 그린 작은 그림 같은 것들을 커피 값 대신 받기도 했죠. 그의 이런 관대함 덕분에 이 카페는 예술과 지성주의의 중심지로 예술사에 그 이름을 남기며 성공을 누릴 수 있었습니다.

리비옹은 1911년에 이 가게를 열었지만, 사업이 번창하기 시작한 건 피카소가 근처로 작업실을 옮긴 1914년부터입니다. 리비옹의 경영 아래 라 로통은 피카소와 아메데오 모딜리아니Amedeo Modigliani, 만 레이Man Ray, 앙드레 브레통André Breton, 키키 드 몽파르나스Kiki de Montparnasse, 디에고 리베라Diego Rivera 같은 동시대 화가들과 헤밍웨이를 단골로 두었습니다. 덕분에 이들의 예술적 에너지를 함께 느끼고 싶어하는 사람들도 많이 찾아왔지요. 라 로통은 많은 예술가·모델·작가가 밤늦게까지 모이는 장소이기도 했지만 카페 자체만으로 예술적 영감의 원천이었답니다. 피카소, 후지타 쓰구하루Foujita Tsuguharu를 비롯해 여러 화가가 남긴, 잘 알려진 그림들의 소재가 됐으니까요. 이곳에서는 또한 저명한 고객들이 늦은 밤 토론하며 현대미술의 미래를 그려나가기도 했습니다.

오늘날에도 라 로통은 카페의 예술 충만한 과거를 기리면서 지적이고 자유분방한 고객들을 끌어들이는 매력을 유지하고 있습니다. 카페에서 쓰는 식탁용 접시 받침에는 100년 전 이곳의 단골이었던 명사들의 서명이 새겨져 있고, 가게 내부는 이곳을 가장 자주 찾아온 단골 예술가 중 한 명이었던 모딜리아니 그림의 복제품들이 장식돼 있어요. ✖

CLOWN BAR
114, RUE AMELOT • 3ᵉ

클라운 바

📍 아멜로가 114번지

광대의,
광대를 위한 공간

Clown Bar, 114,
rue Amelot(3rd arrondissement)

아멜로가에 위치한 작은 레스토랑 겸 바인 '클라운 바Clown Bar'는 수 년간 여러 차례 새단장을 했지만 가게 안의 벽들은 변함없이 이곳의 역사를 말해줍니다. 이곳은 원래 한 구역 아래에서 열리던 겨울 서커스Cirque d'Hiver의 공연자들에게 급식하던 식당이었죠. 그러다 1902년 이 수수한 바는 가까운 서커스장의 광대들이 공연 후(때로는 공연 전에도) 목을 축이러 오는 단골 술집이 됐습니다. 광대들이 자주 드나들다 보니 오래지 않아 그들이 임시로 단기간 머무는 숙소가 되었고요. 광대가 필요한 이들이 고용을 위해 찾아오거나, 일감을 찾아 떠도는 광대들이 식당 위층의 방을 빌려 묵으면서 휴식을 취하며 동종 업계 주민들과 인맥을 쌓는 장소가 된 것이지요.

1920년대에 클라운 바는 주요 고객들의 특성을 반영해 리모델링했습니다. 한쪽 벽에 유명한 사르궤망Sarreguemines◆에서 제작한 아름다운 아르누보풍 타일로 광대들의 모습을 표현했죠. 이 멋진 장식은 오늘날에도 연한 노랑색, 파랑색, 녹색으로 서커스가 파리 오락 문화에서 중요한 일부였던 시대를 생생하게 보여주고 있습니다. 곡선으로 제작된 함석 바는 칵테일을 홀

짝이며 역사가 깃든 타일들을 구경하기에 가장 좋은 자리랍니다. ✻

◆ 프랑스 동북쪽 국경에 위치한 로렌 지방의 소도시

LA COUPOLE
102, BOULEVARD du MONTPARNASSE • 14ᵉ

라 쿠폴

📍 몽파르나스대로 102번지(14구)

세계의 교차로

La Coupole, 102,
boulevard du Montparnasse(14th arrondissement)

몽파르나스에서 가장 큰 건물인, 이 층짜리 카페 라 쿠폴La Coupole은 파리에서 재즈가 황금기를 누리던 1927년에 문을 열었습니다. 에르네스트 프로Ernest Fraux와 르네 라퐁René Lafon은 카페 르 돔Le Dôme을 인수하려고 여러 차례 시도했으나 번번이 실패하자, 바로 옆에 자신들의 식당을 새로 개업하기로 결정합니다. 그들은 빈 캔버스와 같던 미개발 상태였던 건물을 곧 재즈 시대 파리의 중심지이자 아르 데코 디자인의 성지로 바꿔놓았죠. 오늘날 이 카페는 '타오르는 1920년대Roaring Twenties'의 예술가들이 발 딛던 곳이라는 의미를 넘어 과거처럼 아름다운 예술과 디자인에 경탄하는 곳으로서 기능합니다.

프로와 라퐁은 자신들의 가게가 경쟁자들 사이에서 독보적인 위치에 올라서길 바랐습니다. 그래서 알퐁스-루이 솔베Alphonse-Louis Solvet와 그의 아들 폴Paul을 고용해 당시 한창 유행하던 아르 데코 양식이 반영된 내부로 완성되도록 디자인을 의뢰했죠. 솔베 부자는 인기 있는 카페-레스토랑 클로즈리 드 리아Closerie des Lilas를 막 완성한 상황이었던 터라 그들이 작업을 맡는다고 하자 그 자체로 관심을 끌었습니다. 솔베 부자는 멋진 입체파Cubism 스타일을 지닌 모자이크 타일 바닥을 만들었습니다. 흰색·금색·갈색·검정색으로 구성된 강렬한 기하학적 디자인이 돋보이는 이 작품은 2008년에 복원됐지요. 장 페르젤Jean Perzel이 제작한 아르 데코 샹들리에도 설치했으며, 레스토랑을 둘러싼 기둥들은 스물일곱 명의 젊은 몽파르나스 예술가들의 그림으로 채웠습니다. 이 젊은 화가들 대부분은 앙리 마티스Henri Matisse, 페르낭 레제Fernand Léger 같은 당대의 대표적인 몽파르나스 예술가들의 제자들이었죠. 그들 대부분이 이 기둥 작품에 서명을 남기지 않았지만 그럼에도 신원을 알 수 있는 이들이 몇 있습니다. 스웨덴의 인상주의 화가 이삭 그뤼네발트Isaac Grünewald, 알렉상드르 오프레Alexandre Auffray, 루이 라타피Louis Latapie, 잔 리지-루소Jeanne Rij-Rousseau, 다비드 세이퍼David Seifert, 오통 프리즈Othon Friesz, 마리 바실리에프Marie Vassilieff, 그리고 이 카페의 단골 조세핀 베이커Josephine Baker ◆를 그린 빅토르 로비케Victor Robiquet가 그들입니다.

라 쿠폴의 외부는 1920년대와 1930년대에 파리 사람들이 보던 것과 별반 차이가 없지만, 내부는 상황이 좀 다릅니다. 시끌벅적하던 지하의 무도장은 폐쇄됐고 1988년에는 넓은 사무용 빌딩이 원래의 식당 위에 들어섰으니까요. 가게에 예술품도 약간 추가됐어요. 1985년 대중 투표를 거쳐 리카르도 모스너Ricardo Mosner가 파이프 누수로 손상된 그림을 대체할, 새 작품을 그릴 화가로 선정됩니다. 모스너는 기둥 꼭대기에 '마지막 기둥Le Dernier pillar'이라는 문구를 써놓고, 담배를 피우며 식전주를 마시는 손님 한 사람을 그렸습니다. 사실 모스너가 마지막으로 기둥을 장식한 사람은 아닙니다.

1988년 건축 당시 미셸 부르봉Michel Bourbon이 과거 라 쿠폴의 단골들을 기리기 위한 작품을 그렸거든요. 맨 위에 커다란 몽파르나스의 초상화♦♦가 있고 앨리스 토크라스Alice B. Toklas♦♦♦, 만 레이, 수염을 기른 헤밍웨이, 후지타, 장 폴 사르트르Jean-Paul Sartre, 시몬 드 보부아르Simone de Beauvoir, 알베르토 자코메티Alberto Giacometti, 마리 바실리에프와 그 밖의 여러 단골의 얼굴이 그보다 작게 그려져 있습니다.

다양한 배경을 지닌 고객들 덕분에 '세계의 교차로The Crossroads of the World'라는 별명을 갖게 된 라 쿠폴은 네 개의 대륙에서 온 네 명의 예술가에게 바 옆에 있는 내부 돔의 장식을 맡겼습니다. 프랑스의 캐럴 벵자켄Carole Benzaken이 북쪽, 모로코의 푸아드 벨라민Fouad Bellamine이 남쪽, 중국의 샤오 판Xiao Fan은 동쪽, 아르헨티나의 리카르도 모스너Ricardo Mosner가 서쪽을 꾸몄지요. 그들의 작품으로 라 쿠폴의 아르 데코 장식에 밝고 활기찬 현대성이 더해졌습니다. 레스토랑 중앙에는 루이 데르브레Louis Derbré가 제작한, 두 명의 곡예사 형상을 한 청동상 〈지구La Terre〉가 놓여 있어요. 오늘날에도 라 쿠폴은 매우 인기 있는 식당이며 특히 뛰어난 해산물 요리들로 유명하답니다. ※

♦ 미국 태생의 흑인 무용수이자 가수. 1920~1930년대 파리의 카바레와 밤무대에서 큰 인기를 누렸으며, 1937년 프랑스 국적을 취득했다. 제2차 세계대전 중에는 레지스탕스로도 활동해 전후 전공훈장을 받았다.

♦♦ 몽파르나스 언덕을 의인화해 여성 얼굴로 그려져 있다.

♦♦♦ 작가이자 미술 수집가. 파리에 거주한 미국인 예술가 중 한 사람이자 스타인의 파트너

LE DÔME CAFÉ
108, BOULEVARD du MONTPARNASSE • 14e

Le Dôme

LE DÔME

Le Dôme

르 돔 카페

📍 몽파르나스대로 108번지(14구)

파리 예술가들의
공동체

Le Dôme Café, 108,
boulevard du Montparnasse(14th arrondissement)

몽파르나스에 문을 연 첫 번째 카페이자, 혹자는 최고라고 주장하는 르 돔 카페Le Dôme Café는 카페들 중에서 가장 영향력 있는 곳으로 꼽히기에 충분합니다. 그 영향력이 얼마나 대단했던지 이곳에 모이던 예술가·작가들은 스스로를 도미에르들Dômiers(돔의 사람들)이라고 부를 정도였죠. 이곳은 영어권 예술가들에게 천국이자 전 세계에서 온 창조적인 해외 거주자들을 반겨주는 카페였습니다.

1898년에 문을 연 르 돔(카페 두 돔Café du Dôme이라고도 불렸죠)은 몽파르나스의 풍경을 확연히 바꾸었고, 곧 1900년대 초 예술가·작가들의 카페 문화를 선도하는 기준으로 자리 잡았습니다. 독일 예술가 루돌프 레비Rudolf Levy, 한스 푸어만Hans Purrmann, 발터 브로디Walter Bondy 같은 이들이 처음 이 카페를 자신의 본거지로 이용했지요. 그들은 이곳에서 만나 아방가르드avant-garde와 야수파Fauvism 미술, 그리고 자신들이 좋아하는 화가 마티스에 대해 의견을 나눴습니다. 그들의 열띤 토론은 점점 더 많은 예술가를 대화에 참여하도록 이끌었고 기욤 아폴리네르Guillaume Apollinaire는 이들 그룹에게 '도미에르들'이라는 별칭을 붙여줍니다.

도미에르들 중에는 예술사의 진정한 인명사전에 오를 만한 쟁쟁한 예술가·작가들도 있었습니다. 화가 피카소, 만 레이, 모딜리아니, 후지타, 막스 에른스트Max Ernst, 카임 수틴Chaïm Soutine, 고갱, 바실리 칸딘스키Wassily Kandinsky는 작가 헤밍웨이, 아나이스 닌Anaïs Nin, 헨리 밀러Henry Miller, 사르트르, 보부아르와 정기적으로 식사를 함께했다고도 하고요. 메레트 오펜하임Meret Oppenheim◆은 이 카페에서 자코메티를 만나 초현실주의 세계에 빠져듭니다. 도미에르들은 수많은 풍문과 예술계에서 유용한 팁과 아이디어를 공유했고 때로는 서로의 연인도 교환했습니다. 힘든 시기에 그들은 한 접시에 1달러 하는 돼지고기 소시지 하나에 으깬 감자를 곁들인 툴루즈의 소시지Saucisse de Toulouse라는 요리로 식사하기도 했고요. 벌이가 좋을 때는 샴페인을 여러 병 나눴습니다. 르 돔은 일종의 예술가들 공동체가 됐고 이후 문을 연 다른 카페들이 뒤따르게 되는 선례를 만들었습니다.

오늘날 이곳은 미슐랭 스타를 획득한, 파리에서도 손꼽히는 해산물 레스토랑 가운데 하나랍니다. 지금 주인들은 과거 도미에르들이 경험했던 이 레스토랑이 지닌 전통적 파리식 인테리어의 매력을 잘 유지하고 있습니다. ※

◆ 스위스의 초현실주의 예술가이자 사진작가

LA FELICITÀ
5, PARVIS ALAN TURING • 13ᵉ

라 펠리치타

📍 앨런 튜링 광장 5번지(13구)

멈춰버린 열차에 달린
풍선들

La Felicità, 5,
parvis Alan Turing(13th arrondissement)

2018년 문을 열었을 때, 라 펠리치타La Felicità는 유럽에서 가장 큰 레스토랑이라며 찬사를 받았습니다. 한꺼번에 천 명의 손님을 접대할 수 있는 좌석, 여덟 개의 조리실, 아홉 명의 요리사, 세 개의 바, 그리고 멋진 테라스를 갖춘 이곳은 옛 기차역에 세워진 식당 그 이상의 공간입니다. 현대미술 작품, 빈티지 가구들과 다양한 문화 행사들로 꽉 채워진 질펀한 문화의 장이죠.

무려 4,500m²에 달하는 라 펠리치타 내부는 예술과 디자인, 음식 면에서 경이로운 나라이기도 합니다. 방문객들을 맞이하는 건 부엌이자 캔버스로 개조한 프랑스 국영 철도 SNCF의 퇴역한 기차 객실 두 칸입니다. 각 객차 외관은 지역 예술가들이 열차의 지난 시절을 기념하는 그림으로 꾸몄습니다. 평범한 그림이 아니라 전통적인 '화물열차 폭격freight bombing'(기차가 이동하는 경로대로 작품이 노출되도록 거리 예술이나 낙서 등을 열차에 그리는 것)으로 말이죠. 세심하게 배치한 액자에 넣은 그림, 인쇄물, 사진도 이 거대한 식당의 안락한 구석 곳곳에서 찾아볼 수 있습니다. 아마도 가장 숨 막히게 멋진 작품은 이곳 전체에 걸려 있는 지나치게 큰(지름이 거의 3m에 이르는) 풍선들일 거예요. 각 풍선은 제롬 메나제르Jérôme Mesnager, 오지Oji, 테타Tetar, 미스터 피Mister Pee, 샤누아Chanoir, 볼트Bault와 그 외 많은 파리의 베테랑 거리 예술가들이 그린 작품을 담은 캔버스이기도 합니다.

창의적인 재활용 프로젝트 아이디어가 옛 프레시네홀Freyssinet Hall을 오늘날의 모습으로 바꾸어 놓았습니다. 프레시네홀은 원래 1926년 엔지니어 외젠 프레시네Eugène Freyssinet가 아우스테리츠Austerlitz역 근처에 세운, 선로 다섯 개짜리 화물열차 전용 차고였죠. 2006년 폐쇄 후 흉물로 방치됐는데, 세계 최대의 스타트업 육성 기업인 스테이션 에프Station F가 2017년 이곳을 인수했습니다. 이제 옛 화물 터미널은 혁신과 이탈리아 음식으로 가득한 곳이 됐답니다! 방문객들은 가벼운 분위기 속에 카페테리아 스타일의 다양한 음식 코너에서 음식을 고른 뒤 여러 친근한 빈티지 삽화 중에서 식사할 구역을 정하죠. 라 펠리치타는 또한 미술 전시, 축제, 영화 상영, 공연 등의 정기적인 문화 행사들도 개최합니다. ✳

아라 스타크, 〈퀸콩〉, 2013

📍 콩, 퐁네프가 1번지(1구)

게이샤 복장을 하고
천장에 떠 있는 여왕

Ara Starck, Queen Kong, 2013, KONG, 1,
rue Pont Neuf(1st arrondissement)

외젠 오스만 시대의 건물 꼭대기에 유리로 된 UFO처럼 떠 있는, 최고의 트렌디한 레스토랑 콩은 역사적인 건축물에 우주 시대의 현대성이 가미된 곳입니다. 2층 식사 공간의 유리창을 통해 내려다보이는 퐁네프 다리, 센강과 주변 풍광은 지붕 너머 어느 방향에서 보든 경탄을 자아냅니다. 게다가 경치만으로는 충분히 매혹적이지 않다는 듯이, 파리의 예술가 아라 스타크Ara Starck가 그린 천장 프레스코화가 전면 유리창 밖으로 보이는 풍경과 아름답게 조화를 이룹니다.

스타크는 디자이너 필립 스타크Philippe Starck(레스토랑 콩의 인테리어를 담당했습니다)의 딸로 파리에서 인기가 많은 다방면 예술가죠. 그가 2013년에 그린 천장화 〈퀸콩Queen Kong〉은 이 레스토랑의 테마 콘셉트인 프랑스-일본풍에서 영감을 받았습니다. 일본의 전통 게이샤 복장을 하고 천장에 떠 있는 그림 속 여왕의 두 손은 스타크가 디자인한 바닥 카펫 쪽으로 향하는 벽까지 내려와 닿아 있습니다. 아라 스타크의 작품은 삼면의 유리창처럼 공간을 잘 감싸고 있어서 콩의 내부가 하나의 설치 예술처럼 느껴지게 하죠.

콩은 게다가 유서 깊은 백화점 사마리탱La Samaritaine의 조감도를 볼 수 있는 장소입니다. 사마리탱의 아름다운 아르누보 전면부는 프란츠 주르당Frantz Jourdain이 1910년 설계했고, 1928년에는 앙리 소바쥐Henri Sauvage가 아르 데코 요소들을 더했답니다. ※

AU LAPIN AGILE
22, RUE des SAULES • 18ᵉ

오 라팡 아질

📍 쏠가 22번지(18구)

한 점의 예술 작품이
바꿔놓은 도둑들의 소굴

Au Lapin Agile, 22,
rue des Saules(18th arrondissement)

파리는 역사적으로 화려한 카바레, 헐벗다시피 한 캉캉 댄서들, 도발적인 의상, 상반신을 드러낸 무희들이 유명합니다. 하지만 잘 알려진 오 라팡 아쥘Au Lapin Agile('날쌘 토끼'라는 뜻)은 주름 장식 란제리frills, 팡파레가 난무하는 물랭루즈, 폴리 베르제르Folies Bergère와는 성격이 다른 카바레로 얌전한 바에 가까운 곳이었죠. 이 작은 분홍 집에서는 깃털 장식과 반짝이가 달린 의상을 입고 벌이는 소규모 음악 공연이나 관객들이 흥겹게 노래를 따라 부르는 무대만 열렸습니다. 몽마르트를 유명하게 한 피카소, 위트릴로, 모딜리아니 등이 이끈 젊은 감성이 이곳에 모여 값싼 술을 마시며 예술의 의미에 대해 지적인 토론을 벌였고요.

이 업소와 예술의 인연은 1902년 카바레의 가수, 코미디언이자 나이트클럽 주인인 아리스티드 브뤼앙Aristide Bruant이 이 지저분한 카바레를 인수하면서 시작했습니다. 당시 이곳은 이 지역에서 반체제의 소굴이었죠. 매춘부와 범죄자가 자주 찾아왔다고 해서 이 업소는 '도둑들의 회합 장소', '살인자들의 카바레'라고 불리기도 했습니다. 1875년 단골이었던 앙드레

질André Gill이 예술 작품 한 점으로 모든 것을 바꿔놓기 전까지는요. 파리 코
뮌the Paris Commune◆에 가담했다 간신히 체포를 면한 그는 자기 자신을 요
리될 뻔하다가 솥에서 뛰쳐나온 토끼로 묘사해 그렸습니다. 그는 이 그림을
카바레 벽에 걸었고 사람들은 그림을 '질의 토끼Au Lapin à Gill'라고 불렀답니
다. 이것이 나중에 발음이 비슷한 '날쌘 토끼Au Lapin Agile'로 바뀌고요. 질의
그림 원작은 도난당하고 말았지만, 1893년 나무에 그린 복제품은 남아 있습
니다.

　　브뤼앙은 동네의 보헤미안 음악가 프레데릭 제라르Frédéric Gérard에
게 카바레의 매니저 역할을 맡깁니다. 브뤼앙의 업소는 그리 멋진 곳은 아니
었지만 제라르의 너그러운 태도 덕분에 머지않아 이름을 알리는 몽마르트의
궁핍한 예술가들을 끌어모으지요. 1905년 스물다섯 살이던 피카소는 〈오

라팡 아질〉을 그렸는데, 이 그림에는 할리퀸 복장을 한 화가 자신이 친구이자 장래 연인이 되는 제르망 피쇼Germaine Pichot와 카바레의 바에 앉아 있고 그 뒤에 제라르가 기타를 치고 있습니다. 이 그림은 경제적으로 궁핍했던 피카소에게 제라르가 식사와 음료값을 대신하자며 제안해 그린 것이라고 해요. 1912년까지 카바레 벽에 걸려 있다가 제라르가 어느 독일인 수집가에게 20달러 정도를 받고 팔았다고 합니다. 1989년에 이 그림은 소더비Sotheby's 경매에서 4,070만 달러에 팔린 뒤 뉴욕의 메트로폴리탄 미술관the Metropolitan Museum of Art에 기증돼 현재도 그곳에서 전시 중입니다. 오 라팡 아질 카바레를 그린 위트릴로의 그림은 필라델피아에 있는 반즈 컬렉션the Barnes Collection에 걸려 있죠.

오늘날에도 오 라팡 아질은 1860년 처음 문 열었을 당시의 전통을 유지하고 있습니다. 위대한 파리의 보헤미안들은 오래전 사라졌지만 이 카바레의 밤은 아직도 전통적인 프랑스 음악과 대화, 와인이 끊이지 않는 100년 전 모습과 가까운 경험을 선사합니다. 카바레 입장료는 포함된 음료의 잔 수(한 잔~세 잔)에 따라 세 종류가 있습니다. ✖

♦ 보불전쟁 패배 후 집권한 제3공화국의 보수 노선에 반대해 파리 시민들이 수립한 사회주의적 자치정부(1871년 3월 18일). 한때 파리를 장악했으나 두 달 만에 3공화국 정부군에게 진압됐다.

MAXIM'S de PARIS
3, RUE ROYALE • 8ᵉ

막심스 드 파리

📍 루아얄 3번지(8구)

60년간 수집해온
아르누보 작품들이 한 곳에

Maxim's de Paris, 3,
rue Royale(8th arrondissement)

레스토랑 막심스 드 파리Maxim's de Paris는 대대로 꼭 가봐야 할 장소로 손꼽히던 곳이었습니다. 멋진 아르누보 장식들과 최고 수준인 유흥, 넘쳐나는 샴페인, 그리고 주인 외젠 코르누쉐Eugène Cornuché 덕분에 아름다운 여인들이 가득했기 때문이죠. 1893년 웨이터 막스 가야르Max Gaillard가 창업한 이 레스토랑은 코르누쉐가 1898년 인수한 후 전설이 되었습니다. 코르누쉐는 우선 낭시파École de Nancy◆ 예술가들을 동원해 이 레스토랑을 진정한 아르누보 성소로 꾸미도록 했습니다. 그 결과 식당 내부는 꽃과 동식물 군상에서 영감받은 세부 장식으로 흘러넘치게 됩니다. 온갖 꽃과 잠자리, 나비, 구불구불한 덩굴, 나무 등이 유려한 곡선의 형상들과 뒤섞여 가구·그림·거울뿐 아니라 각종 소품을 바닥부터 천장까지 빼곡하게 치장하고 있답니다.

벨 에포크 시대 초기에 막심스는 부유층, 엘리트, 예술가, 그리고 그들과 동행한 고급 매춘부들이 많이 찾았죠. 이는 1930년대까지도 변함없이 이어졌습니다. 제2차 세계대전 중 파리를 점령한 독일군은 이 레스토랑을 마음에 들어해 나치의 회합 장소로 사용합니다. 대전 말 프랑스 레지스탕스에 의해 잠시 폐쇄됐던 막심스는 전후에 다시 문을 열었고, 1950년대부터 1970년대까지 다시 한번 인기 있는 명소로 이름을 알렸습니다.

1981년 열성적인 아르누보 수집가이기도 했던 유명 패션 디자이너 피에르 카르뎅Pierre Cardin이 막심스를 인수합니다. 가르뎅은 레스토랑을 계속 영업하면서도 식당 위층을 자신이 60여 년간 수집해온 아르누보 작품들을 전시하는 공간으로 활용했습니다. '1900년대 컬렉션'이라 불리는 이 방대한 수집품들은 세 층에 걸쳐 전시돼 있는데, 벨 에포크 시대 어느 고급 매춘부의 호화로운 아파트를 재현해놓은 듯합니다. 총 열두 개 전시실로 구성된 이 컬렉션에는 자크 마조렐Jacques Majorelle, 루이스 컴포트 티파니Louis Comfort Tiffany, 클레몽 마시에Clément Massier, 에밀 갈리Émile Gallé, 로트렉 같은 작가들이 제작한 아르누보 가구, 꽃병, 그림, 직물과 그 밖의 소품들이 포함돼 있습니다. 총 500점이 넘는 이 수집품들은 한 지붕 아래 모여 있는 아르누보 컬렉션으로는 가히 최고라 할 수 있죠.

막심스 레스토랑은 여전히 예전처럼 아름답지만, 오늘날은 식당 손님보다 관광객 비중이 높습니다. 이곳에서 식사하길 원하지 않더라도 아쉬워하지 마세요. 이곳의 호사스러운 아르누보를 경험할 수 있는 기회는 아직 있답니다. 막심스는 가끔 일반인을 대상으로 공개 투어를 진행하는데, 이때 식당은 물론이고 위층의 피에르 가르뎅 컬렉션도 구경할 수 있으니까요. ※

◆ 1890년부터 1914년경까지 낭시를 중심으로 활동한 아르누보 장인과 디자이너들의 집단. 꽃과 식물 문양을 활용한 아르누보 스타일 장식의 생활용품을 주로 제작했다.

LA MÉDITERRANÉE
2, PLACE ODÉON • 15ᵉ

라 메디테라네

📍 오데옹 광장 2번지(15구)

우정이 빚어낸
예술적 아이콘

La Méditerranée, 2,
place Odéon(15th arrondissement)

라 메디테라네La Méditerranée는 1942년 문을 열었을 때부터 파리의
예술과 긴밀하게 얽힌 장소가 될 수밖에 없었습니다. 오데옹 극장Théâtre de
l'Odéon을 마주 보고 있고 뤽상부르 미술관, 뤽상부르 공원과 불과 한 블록
떨어진 이 해산물 전문 레스토랑의 절묘한 입지는 시각예술과 공연 예술에
조예가 깊은 손님 모두 찾아오는 데 최적이었기 때문이죠. 그렇지만 이 식당
을 장 콕토Jean Cocteau의 예술적 비전이 담긴 아이콘으로 만든 것은 이 왕성
한 화가이자 작가 겸 영화감독과 가게 주인장 수브레나Jean Subrenat가 맺은
깊은 우정이었습니다.

콕토의 영혼은 오늘날에도 이곳에 깃들어 있습니다. 콕토의 필체로 적
힌 식당 이름 'La Méditerranée'가 차양 모서리 주변을 감싼 채 펄럭이며 멀
리서부터 손님들을 맞이하죠. 안에서는 식탁에서부터 벽까지 그의 영혼을
느낄 수 있어요. 친구 가게의 단골이었던 콕토는 이곳에서 점심식사를 하던
중에 자주 식탁보와 냅킨에 그림을 그렸습니다. 그 귀중한 그림들은 레스토
랑의 영원한 유산 중 일부가 됐고요. 메뉴판과 접시들에도 콕토가 끼적인 그

림이나 글씨가 새겨져 있어요. 마치 그가 급하게 무언가를 기록해놓고 서둘러 길 건너 극장으로 뛰어나간 것처럼 말이죠. 액자에 담긴 콕토의 원작 그림 여러 점도 식당 곳곳에 걸려 있습니다.

콕토의 권유로 그의 친구 크리스티앙 베라르Christian Bérard가 레스토랑 벽을 장식할 유쾌한 벽화들을 그렸습니다. 베라르는 걸출한 일러스트레이터로 패션계에서 코코 샤넬Coco Chanel, 엘사 스키아파렐리Elsa Schiaparelli, 니나 리치Nina Ricci와 일했죠. 그는 콕토의 여러 영화에서 의상과 세트 디자인을 맡았을 뿐 아니라 극장 공연을 위한 무대와 의상도 디자인했습니다. 베라르는 또한 1930~1940년대 LGBTQ 집단의 선구적인 활동가 중 한 사람이었죠. 그와 그의 연인 보리스 코츠노Boris Kochno(세르게이 디아길레프Sergei Diaghilev와 발레 뤼스Ballets Russes◆를 위해 발레 대본을 쓴 작가)는 커밍아웃을 했던, 당대의 가장 유명한 게이 커플이었습니다.

이 레스토랑에는 베라르의 그림뿐 아니라 당대에 인정받던 일러스트레이들의 작품도 있어요. 베르테 룸은 헝가리 출신의 예술가 겸 디자이너 마르셀 베르테Marcel Vertès가 그린 벽화들로 꾸며져 있습니다. 베르테는 1952년 영화 〈물랭루즈〉로 아카데미 의상상과 미술상을 받은 인물로 잘 알려져 있죠. 뉴욕에 있는 카페 칼라일Carlyle에도 그의 벽화들이 있답니다.

라 메디테라네는 테라스 좌석이 특히 인기 있지만, 예술로 도배된 식당 벽에 둘러 싸인 채 만찬을 즐기는 것도 잊을 수 없는 경험입니다. ※

◆ 러시아 예술 사업가 세르게이 디아길레프가 1909년 파리에서 창립한 발레단. 20세기 초 가장 영향력 있는 발레단으로 20년간 명성을 떨쳤다.

LE MEURICE
228, RUE de RIVOLI • 1ᵉ

모리스 호텔

📍 리볼리가 228번지(1구)

"파리는 불타고 있는가?"

Le Meurice, 228,
rue de Rivoli(1st arrondissement)

초현실주의자 달리는 그의 예술만큼이나 기이한 행동으로도 잘 알려져 있죠. 이 스페인 화가는 무려 30년 동안 매년 한 달 이상을 파리에서도 가장 고급 호텔 중 하나인 르 모리스의 로얄 스위트Royal Suite(106호, 108호실)에서 지냈습니다(매년 다른 한 달은 뉴욕의 세인트 레지스St. Regis 호텔에서 보냈답니다). 그가 머무는 동안 있었던 여러 일화(잦은 기행으로 호텔 직원들을 즐겁게 해주거나 경악하게 했던)는 전설 같은 이야기거리로 남아 있지요. 물론 누구에게 듣느냐에 따라 듣는 그 내용도 다르지만요.

달리는 파리에 체류하는 동안 결코 평범치 않은 일상을 보냈습니다. 언젠가 그는 호텔 직원들에게 한 마리당 5프랑을 쳐줄 테니 길 건너 튈르리 정원에 가서 파리를 잡아와 달라고 한 적이 있습니다. 한번은 직원들에게 자신의 방으로 양 떼를 데려오라고 주문하더니 양들에게 탄환 없는 총알을 쏘기도 했어요. 심지어 언론을 골탕 먹인 적도 있답니다. 호텔 방에서 기자회견을 하던 중에 갑자기 창문을 열고 페인트 몇 바가지를 밑에 있는 차들을 향해 쏟아 부어 그 자리에 있던 기자들을 아연실색하게 했죠.

짓궂은 장난에도 불구하고, 달리는 모리스 호텔에 오래 각인될 인상을 남겼습니다. 이 호텔의 세련된 레스토랑 르 달리Le Dalí에는 초현실주의자의 작품을 연상시키는 인상적인 천장화가 있습니다. 아라 스타크Ara Starck가 2016년 그린 것이죠. 레스토랑의 의자, 거울, 촛대, 여타 장식들은 마치 초현실주의 그림 속에 들어와 식사하는 것처럼 느끼게 합니다. 르 달리의 현대성은 인근에 있는 바 228과 확연히 대조됩니다. 이 안락한 분위기의 바에는 퐁텐블로 성 정원에서 파티하는 모습을 그린 큰 프레스코화가 있는데, 알렉상드르 클로드 루이 라발레가 1907년에 그린 것입니다.

모리스 호텔도 풍부한 역사가 있어요. 1835년에 문을 연 이 고급 호텔은 상류층 영국 여행자들을 주 고객으로 삼아 영업을 시작했습니다. 영어를 구사할 수 있는 직원과 다양한 크기의 아파트식 객실, 최고의 편의시설을 제공했죠. 피카소와 올가 코클로바Olga Khokhlova는 그들의 결혼식 피로연을 이곳에서 열기도 했습니다. 그런데 제2차 세계대전 중 이 호텔은 가장 달갑지 않은 손님, 즉 나치들의 기지가 됐죠. 나치의 파리 군정 사령관 디트리히 폰 콜티츠Dietrich von Choltitz 장군이 이곳을 자신의 사령부로 삼았거든요. 콜티츠는 자신이 [연합군이 진입하기 전에] 도시를 쓸어버리라는 히틀러의 명령을 거부해 파리를 구했다고 주장했는데, 이 진술의 진위 여부는 한때 광범위한 논쟁을 불러일으켰습니다. 도시를 폭파하라고 명령한 후 히틀러는 모리스 호텔로 콜티츠에게 전화를 걸었다고 하죠. 그리고는 이렇게 물었답니다. "파리는 불타고 있는가?Is Paris burning?"◆ ※

◆ 이 일화를 소재로 1966년에 제작된, 미국과 프랑스가 합작한 영화의 제목이기도 하다.

MOULIN de la GALETTE
83, RUE LEPIC • 18ᵉ

물랭 드 라 갈레트

📍 르픽가 83번지(18구)

19세기 파리의 모든 것이
집약된 곳

Moulin de la Galette, 83,
rue Lepic(18th arrondissement)

물랭 드 라 갈레트Moulin de la Galette는 19세기 파리의 모든 것이 완벽히 집약된 곳입니다. 맛있는 빵, 멋진 경치, 카바레의 춤과 좋은 와인이 있으니까요. 이 술집은 르누아르, 반고흐, 로트렉, 피카소, 카미유 피사로Camille Pissarro 같은 19세기 후반의 단골들 덕분에 영원히 기억될 장소로 남았습니다. 무도장과 야외 레스토랑으로 잘 알려진 이 교외 카바레는 몽마르트 언덕 위에 있는 17세기 풍차 두 개 사이에 자리 잡고 있어요.

예술계의 뮤즈가 되기 전, 블루트 팡Blute-Fin과 라데Radet라고 불렸던 두 풍차는 이 지역에 있던 많은 풍차 중 일부에 불과했습니다. 이들은 밀가루와 몽마르트의 포도밭에서 딴 포도를 갈기 위해 1622년과 1717년에 세워졌죠. 드브레Debray 집안이 1809년에 두 풍차를 매입했고 풍차에서 제분한 밀가루로 맛있는 갈레트galette(갈색 빵의 일종)를 구워 팔기 시작했습니다. 갈레트가 너무 인기가 좋아 많은 돈을 벌자, 드브레 집안은 빵과 함께 제공하던 우유 대신 몽마르트에서 생산되는 와인을 팔기로 합니다. 그렇게 물랭 드 라 갈레트 카바레가 탄생한 것이죠.

오래지 않아 과수원, 시골 가게, 포도밭들이 가득한 데다 탁 트인 도시 전경과 예스러운 풍차들 덕분에 여전히 전원적인 이 지역의 매력을 누리기 위해 파리 시민이 몰려들었습니다. 부유한 사람들과 함께 예술가들도 미술 도구를 들고 이곳을 찾았습니다. 마침 그들에게는 1841년에 새로 발명된 튜브에 담긴 물감이 있었죠. 그 전까지만 해도 돼지 방광에 물감을 담아 다녔으니 훨씬 불편했지요. 몽마르트 위의 흥겨운 댄스홀은 예술가들이 좋아하는 정경이 됐습니다. 르누아르는 활기찬 이곳 분위기를 그의 유명한 작품 〈물랭 드 라 갈레트의 무도회Bal du Moulin de la Galette〉에 담았는데, 이 그림은 현재 오르세미술관에 있어요. 반고흐의 침울한 화풍은 두 개의 풍차에 집중하는 반면, 로트렉의 스케치에는 댄스 무대의 가장자리에서 파트너를 기다리며 춤 추려는 이들의 모습이 보입니다. 피카소가 이곳에서 그린 그림은, 그의 경력 초기인 1900년 작품이라 피카소 것임을 바로 알아보긴 어렵겠지만, 벨 에포크 시대 어느 전형적인 안개 낀 밤에 카바레 군중의 흐릿한 모습을 묘사한다는 점은 분명합니다.

오늘날에는 북적거리는 몽마르트 너머로 사유지 안에 있는 블루트 팡의 풍차 날개를 살짝 엿볼 수 있답니다. 라데는 1924년에 지라르동가Rue Girardon와 르픽가가 만나는 코너로 옮겨져 현재의 물랭 드 라 갈레트 레스토랑 위에 앉아 있죠. 이 식당은 같은 언덕에 자리했던 예전의 그 카바레를 기리기 위해 동일한 이름을 붙였습니다. ✿

LE TRAIN BLEU

GARE de LYON • PLACE LOUIS-ARMAND • 11ᵉ

르 트랑 블루

📍 리옹역, 루이 아르망 광장(11구)

벨 에포크 시대로
떠나는 기차

Le Train Bleu, Gare de Lyon,
place Louis-Armand(11th arrondissement)

매일 리옹역을 떠나는 기차들은 파리 시민을 먼 프랑스 동남쪽 구석까지 실어 나릅니다. 디종, 리옹, 마르세유, 니스, 그리고 스위스, 이탈리아가 특히 인기 있는 목적지죠. 그런데 기차역의 중심 통로 바로 위층에서는 벨 에포크 시대로 거슬러 올라가는 여행을 떠날 수도 있답니다. 르 트랑 블루Le Train Bleu는 여느 기차역 레스토랑들과 다릅니다. 카운터에서 미리 포장된 샌드위치를 받는 곳이 아니라, 커다란 그림과 프레스코화로 꾸며진 천장 아래, 로코코Rococo 양식의 가구들이 가득한 공간에서 최상의 프랑스 요리를 제공받을 수 있거든요. 20세기로 들어서는 전환기에 스물일곱 명의 화가가 그린 작품들은 이 레스토랑홀을 기차에 오르기 전 약간의 호사를 즐길 수 있는, 미술관 수준의 만찬장으로 바꾸어 놓았습니다.

리옹역은 1900년 만국박람회에 찾아오는 방문객의 교통 수요를 맞추기 위해 건설했습니다. 이 역의 유명한 시계탑과 궁궐 같은 전면 외관을 설계한 마리우스 투두아Marius Toudoire는 부유한 박람회 관람객들에게 식사를 제공할 수 있는, 품격 있는 레스토랑을 지어달라고 의뢰받았죠. 그렇게 당대 유명한 프랑스 화가들의 그림 41점으로 장식된 리옹역 뷔페Buffet de la Gare de Lyon(1963년 '르 트랑 블루'로 이름을 바꿨습니다)가 1901년 문을 열었습니다. 이 그림들은 모두 파리-리옹-지중해 노선Chemin de Fer Paris-Lyon-Mediterranée(당시 리옹역에서 운행했던 노선의 명칭)에 있는 특정 지역의 전원이나 해안 풍경, 도시 전경, 상징물을 담고 있습니다. 전부 굉장한 작품들이죠. 르네 비요트René Billotte의 파리 만국박람회 모습, 외젠 브루낭Eugène Burnand의 몽블랑Mont Blanc 전경, 알베르 매냥Albert Maignan이 다이닝룸에 그린 오랑주의 멋진 로마 시대 극장Roman Théâtre d'Orange과 천장의 거대한 풍경화 세 점(프랑수아 플라멩François Flameng)의 파리, 기욤 두부페Guillaume Dubufe의 리옹, 가스통 카시미르 생 피에르Gaston Casimir Saint-Pierre의 마르세유가 대표적입니다. 이 외에도 다른 많은 작가의 그림과 샹들리에, 장식이 뿜어내는 호화로움에 어지러울 정도랍니다.

분명 이런 호화로움은 오랫동안 명사들과 부유층을 이 식당으로 끌어들인 이유였지요. 그렇지만 꼭 부자나 여행객이 아니더라도 르 트랑 블루의 아름다운 내부를 즐길 수 있어요. 이 레스토랑은 누구에게나 개방돼 있고, 방으로 된 바도 있어서 멋진 예술품을 감상하며 간단한 음료나 커피를 마실 수도 있습니다. ※

3장

조각의 비밀

파리는 길모퉁이, 건물 전면과 입구, 공원마다 조각으로 장식돼 있습니다.
특히 조각들은 대개 역사적인 인물과 사건을 기리지요.
너무 흔해 무시하고 지나치기 쉽지만,
조각들은 우리에게 조용히 과거를 상기시켜주는 역할을 합니다.
많은 조각이 과거에나 좋았던 작품으로 남아 있지만
여전히 지금 우리를 흥분시키는 작품도 많습니다.
페미니즘을 기리는 축제 기념물, 센강의 수위를 측정하는 19세기의 전쟁 조형물,
특정 장소에 그곳의 예술사적 의미를 기리기 위해 세워진 상징적 작품이 있지요.
이런 흥미로운 조각들은 부산한 파리에서 놓치기 쉽지만
걸음을 멈추고 감상해볼 가치가 있답니다.

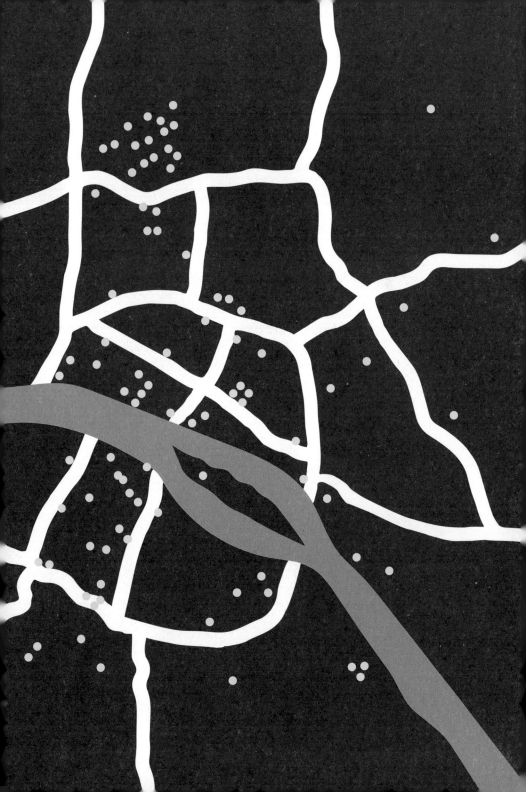

ASLAN
Dalida

PLACE DALIDA • RUE GIRARDON & RUE de L'ABREUVOIR • 18ᵉ

아슬란, 〈달리다 흉상〉, 1997

📍 달리다 광장, 지라르동가와 라브뢰부아가(18구)

다재다능하고
비극적인

Aslan, Dalida, 1997, Place Dalida,
rue Girardon and rue de l'Abreuvoir(18th arrondissement)

프랑스의 여성 가수이자 패션 아이콘인 달리다Dalida◆의 청동상은 그가 생전에 사랑했던 몽마르트의 집 근처 그림 같은 작은 광장을 내려다보는 위치에 놓여 있습니다. 예술가 아슬란Aslan이 만든 이 흉상은 1997년 달리다의 사망 10주기를 기리기 위해 이곳에 세워졌지요. 또한 아슬란은 이 매력적인 연예인의 장례용 등신대 석상도 제작했는데, 이 작품은 근처 몽마르트 공동묘지의 달리다 무덤 위에 서 있답니다.

달리다의 본명은 욜란다 크리스티나 질리오티Iolanda Cristina Gigliotti로, 1933년 이집트에서 이탈리아인 부모 아래 태어났습니다. 달리다는 파리에서 큰 성공을 거두기 전까지 이집트에서 미인대회 수상자이자 배우로 알려져 있었어요. 파리로 건너온 뒤 1955년 가수로 전향했고 성공 가도를 달립니다. 30년 동안 달리다는 여러 히트송과 뛰어난 패션 감각으로 셰르Cher 와인처럼 프랑스에서는 누구나 아는 이름이었습니다. 이 다재다능한 가수는 1960년대에는 팝을 불렀고 1970년대에는 디스코의 여왕으로 군림했으며 1980년대에는 가창력으로 인정받는 디바가 됐지요.

달리다는 프랑스에서 가장 유명하고 영향력 있는 연예인이었지만 그녀의 인생은 비극의 연속이었습니다. 그의 옛 연인 중 세 사람이 스스로 목숨을 끊었고, 절친한 친구 한 명도 자살로 생을 마쳤거든요. 이들의 죽음으로 달리다는 우울증에 빠졌고 끝내 이를 극복하지 못합니다. 1987년 5월 3일, 달리다는 몽마르트에 위치한 집에서 바르비투르산barbiturates 마취제를 다량 복용해 스스로 생을 마감했습니다. 죽기 전 남긴 메모에는 "삶을 견디기 너무 힘드네요……. 저를 용서하세요"라고 쓰여 있었답니다. 추모객과 팬들은 달리다 광장에 있는 그의 흉상을 보고 생전에 그에게 많은 기쁨을 주었던 몽마르트의 아름다운 동네를 둘러볼 수 있습니다. ※

◆ 한국에서는 배우 알랭 들롱Alian Delon과 부른 곡 〈Paroles, paroles〉가 잘 알려져 있다.

CÉSAR BALDACCINI
The Centaur
2, PLACE MICHEL DEBRÉ • 6ᵉ

세자르 발다치니, 〈켄타우로스〉, 1985

📍 미셸 드브레 광장 2번지(6구)

가면 속에 숨겨진
피카소를 만나고 싶다면

César Baldaccini, The Centaur(Le Centaur), 1985, 2,
place Michel Debré(6th arrondissement)

전 세계 곳곳에서 찾아볼 수 있는 기마상은 보통 믿음직한 말 위에 올라탄 모습으로 전쟁 영웅을 기리기 위해 제작됐습니다. 그런데 프랑스 예술가 세자르 발다치니César Baldaccini(종종 '세자르'로 불리죠)가 이 전통을 뒤집어 놓았습니다. 우아한 생 제르망 드 프레Saint Germain des Prés 구역의 어느 교차로에서 행인들의 눈을 즐겁게 해주는 세자르의 기마상은 전쟁 영웅 대신 신화 속 괴물을 모델로 삼고 있거든요. 이 작품은 세자르의 자화상인 동시에 그의 친구이자 스승인 피카소에게 바치는 찬사이기도 합니다.

세자르는 1940년대 후반 파리 국립미술학교Ecole des Beaux-Arts in Paris에서 공부한 뒤 피카소와 그의 옛 연인이자 친구인 제르맹 리시에Germaine Richier를 만났습니다. 피카소는 곧 그에게 영향을 준 선배이자 멘토가 됐죠. 세자르는 이웃에 살던 자코메티도 알게 되는데, 자코메티와도 친분을 쌓고, 그에게 예술적 영향을 받습니다. 이는 그의 작품에 뚜렷하게 드러납니다.

〈켄타우로스The Centaur〉는 1985년 프랑스 문화부가 파리의 거리에 영구적으로 설치할 목적으로 의뢰한 작품입니다. 신사실주의New Realism에

몰두해 있던 세자르는 자신의 조각에 투박하고 공업적인 외연을 담고 싶어서 일상 사물을 가져다가 원래 용도와 다르게 활용하는 경우가 많았습니다. 이 작품에서는 삽과 갈퀴가 켄타우로스의 꼬리를, 얇은 파이프와 튜브들은 다리와 혈관을 이루지요. 이 기마상은 마치 언제든 삐걱거리면서 움직일 것처럼 보입니다. 받침대에서 내려와 거리를 걸어 다니는 기계처럼 말이죠.

또한 이 작품에는 피카소를 연상시키는 여러 요소가 담겨 있습니다. 세자르 자신인 켄타우로스의 얼굴은 길쭉한 파편들이 모여 이루어져 있는데, 이는 입체파의 스타일을 연상시키죠. 켄타우로스가 왼손에 들고 있는 비둘기는 피카소가 제2차 세계대전 후인 1949년 평화의 상징으로 제작했던 한 석판화를 떠올리게 합니다. 보다 직접적으로 드러내는 부분도 있어요. 세자르의 〈켄타우로스〉는 쓰고 있던 가면을 면갑visor처럼 위로 올려 벗었는데, 그 가면 아래 드러난 얼굴이 바로 피카소랍니다. 잘 보시면 켄타우로스에 추가 부위도 있다는 걸 알 수 있어요. 성기가 두 개, 고환이 네 개 거든요. 이는 작가 자신과 피카소 두 사람을 의미하는 걸까요? 그 누구도 답을 알 수 없겠죠. ✻

CHARLES-AUGUSTE LEBOURG

Wallace Fountains

VARIOUS ARRONDISSEMENTS

샤를 오귀스트 르부르, 월레스 분수

📍 파리 곳곳 여러 구

가난한 이들에게
식수를 제공하는 네 여신

Charles-Auguste Lebourg, Wallace Fountains,
Various arrondissements

파리를 돌아다니다 보면 어느 한 조각의 복제품이 여러 구 곳곳에 놓여 있는 것을 눈치 챌 수 있습니다. 바로 기단부에 네 여신이 두 팔을 높이 들어 장식 돔을 떠받치고 있는 형상인데, 대부분 진녹색으로 칠해져 있죠. 1872년부터 파리 도시 풍광의 기간이 되어온 이 조각들은 평범한 파리 시민들에게 맑은 식수를 공급할 뿐 아니라 동네마다 작은 아름다움을 더해주는 역할을 해왔습니다.

보불전쟁과 뒤이은 파리 포위 이후 수로들이 파괴되면서 파리 시내의 여러 지역에 물 공급이 끊겼습니다. 이에 그 지역에 사는 주민들은 물을 구입해 마셔야 했고, 이는 저소득층들에게 특히 경제적 부담을 안겼죠. 영국의 미술품 수집가이자 자선 사업가인 리처드 월레스Sir Richard Wallace경은 당시 파리에 살고 있었는데(그가 파리에 살면서 사 모은 많은 예술품은 현재 런던에 위치한 박물관Wallace Collection에 있어요), 제2의 고향인 이 도시에 무언가 보답하면서 전쟁으로 피폐해진 거리의 미관을 개선하는 데 돕겠다고 결심합니다.

월레스경은 파리 전역의 음용 식수대를 두 배로 늘리고자 계획하고, 프랑스 조각가 샤를 오귀스트 르부르Charles Auguste Lebourg에게 장식용 주철 조각을 디자인해달라고 의뢰했죠. 르부르는 르네상스의 이상적인 미美와 상징을 반영해 여신 네 명이 기둥caryatids을 이루는 분수대를 제작했습니다. 네 여인상은 조금씩 다른데 각각 친절, 소박, 관용, 냉철을 상징한다고 하네요. 높이가 2.7m에 이르는 이 분수대는 멀리서도 눈에 띄지만 주변 자연환경과 조화를 고려해 진녹색으로 칠했습니다. 또한 비용 절감을 위해 보다 작은 기둥 모양의 분수대와 다른 모델도 제작해 도시 전역에 설치하면서 더 널리 식수를 보급할 수 있게 했지요. 월레스는 분수대들을 설치하는 데 필요한 모든 비용을 부담했고 런던으로 돌아갈 때까지 시민들에게 존경받는 외국인 거주자로 지냈습니다.

오늘날에는 분수대 중 일부가 해당 지자체의 뜻에 따라 밝은색으로 칠해지긴 했지만 여전히 120개 정도는 그대로 남아 있어요. 월레스와 르부르의 분수대들은 다른 1,100여 개의 작은 식수대들과 함께 매년 3월 15일부터 11월 15일 사이◆ 누구에게나 무료로 식수를 제공하고 있습니다. 이 아름다운 분수대들은 과거 이 도시에 살았던 한 영국인의 너그러운 자선 정신을 상기시켜 줍니다. 예전엔 물이 그토록 좋아 보이진 않았을 테죠. ✻

◆ 매년 겨울에는 수도관 동파를 방지하기 위해 식수 공급을 중지한다.

CLAES OLDENBURG & COOSJE VAN BRUGGEN
Buried Bicycle
PARC de la VILLETTE • ALLÉE du CIRCLE • 19ᵉ

클라스 올든버그·코셰 반 브루겐, 〈파묻힌 자전거〉, 1990

📍 빌레트 공원, 원형 산책로(19구)

평범한 사물을
예술로 바꾸는

Claes Oldenburg and Coosje van Bruggen,
Buried Bicycle(Bicyclette Ensevelie), 1990, Parc de la Villette,
Allée du Circle(19th arrondissement)

클라스 올든버그Claes Oldenburg의 거대한 조각들은 언제나 재미있습니다. 드넓은 빌레트 공원Parc de la Villette에 있는 작품들도 마찬가지죠. 1985년에 제작된 이 조각은 거대한 자전거가 쓰러져 잔디 속으로 가라앉은 동화 속 한 장면을 표현합니다. 빙산의 꼭대기처럼 땅으로 솟아 있는 것은 앞바퀴 일부, 안장 절반, 왼쪽 핸들, 밝은 파란색의 경적 같은 자전거의 일부분뿐이죠. 이 작품을 둘러보다 보면 땅속에 묻힌 자전거의 몸체를 상상하지 않을 수 없습니다. [땅에 솟은 것들의] 비율이 매우 사실적이라 땅속에 있는 금속이 금방이라도 솟아나올 것 같거든요.

올든버그가 아내 코셰 반브루겐Coosje van Bruggen과 함께 제작한 〈파묻힌 자전거Buried Bicycle〉는 프랑스의 수도인 파리와 잘 어울리는 작품입니다. 자전거 초기 모델이 처음 등장한 것이 1792년 팔레 루아얄Palais Royal에서였고, 무엇보다 1903년에 시작된 자전거 경주 대회 투르 드 프랑스Tour de France는 프랑스의 국가적 자부심이거든요! 게다가 이 조각은 파리에 살았던 두 위대한 예술가의 각기 다른 작품을 떠올리게 합니다. 피카소가 자전거 안장과 핸들로 만든 〈황소 머리Bull's Head〉(1942)와 마르셀 뒤샹Marcel Du-champ의 〈자전거 바퀴Bicycle Wheel〉(1913)가 바로 그것이죠. 올든버그와 반 브루겐의 이 트롱프 뢰유trompe l'oeil♦ 조각은 1990년 처음 공개됐을 때 그 거대한 크기와 사실적 비율 때문에 많은 이들에게 놀라움을 안겼습니다.

올든버그는 오랫동안 평범한 사물을 예술 작품으로 바꾸며 기존 관념에 도전해왔죠. 체리를 얹은 거대한 숟가락, 지구를 자르는 톱, 구부러진 종이 성냥개비들, 배드민턴 셔틀콕, 옷핀, 활과 화살 등은 올든버그가 전 세계의 여러 공원♦♦에 실물보다 훨씬 크게 제작해 세운 물건들입니다. ※

♦ 사실적인 재현이나 묘사로 착시 효과를 일으키는 예술 작품이나 디자인
♦♦ 서울 청계 광장에도 올든버그의 작품 〈봄〉이 있다.

DANIEL BUREN
Buren's Columns
2, RUE de MONTPENSIER • 1e

다니엘 부렌, 부렌의 기둥들, 1986

📍 몽펜시에가 2번지(1구)

줄무늬를 탐구하는
예술가

다니엘 부렌Daniel Buren의 작품들은 그랑 팔레Grand Palais, 루이비통
재단Luis Vuitton Foundation 같은 상징적인 장소들에 주로 놓였습니다. 그렇
다고 그것들을 '설치 예술'이라고 부르지는 마세요. 프랑스의 개념 예술가 부
렌은 자신의 작품이 '제자리에 있는in situ' 예술로 불리기를 선호합니다. 그
의 '제자리에' 놓인 사탕 줄무늬 기둥들은 파리의 가장 유명한 궁전 중 한 곳
에 자리하고 있습니다. 바로 1639년 리슐리외 추기경Cardinal Richelieu을 위
해 건축됐고 지금은 프랑스 문화부가 들어서 있는 팔레 루아얄이죠. 부렌의
기둥들Buren's Columns이라는 별명으로 불리는 이 작품은 비틀주스Beetle-
juice♦가 좋아할 만한 각기 다른 높이의 줄무늬 패션 기둥들 260개를 이전
에 주차장이었던 곳에 배치한 것입니다. 이 작품이 1986년에 처음 설치됐을
때, 정부 관료들은 그런 유서 깊은 건물이 현대적인 개념 예술과 병존한다는
발상에 반발했답니다. 그러나 일단 자리를 잡고 나니, 부렌의 기둥들은 예상
과 달리 공간을 압도하기보다 중정의 오래된 석재들과 강렬한 대비를 이룬
다는 걸 알게 됐죠.

이 기둥들은 곧 대중의 사랑을 받습니다. 지금은 파리에서 가장 인기 있는 사진 명소 중 한 곳이고요. 방문객들은 특히 중정 공간에 위치한, 체스판처럼 퍼져 있는 실린더 모양의 기둥들 위에 앉거나 서서 사진 찍는 것을 즐기죠. 부렌이 의도했던 바에 약간의 기발함을 더하면서요. 게다가 이 기둥들은 임시 놀이 공간 역할도 합니다. 아이가 있는 가족들이 주말에 이곳에서 자주 모이거든요.

파리의 차양들도 그렇지만 부렌이 줄무늬에 대해 가졌던 사랑과 집착은 확고히 그의 경력 내내 이어져 왔습니다. 그는 줄무늬의 평범함을 탐구하길 좋아했고 이를 자신이 택한 환경 속에 두며 그 의미를 재정의했습니다. 그런데 이 '제자리에' 놓인 작품에도 숨겨진 목적이 있었어요. 바로 지하에 있는 문화부 사무실의 환풍구 팬들을 숨기는 역할 말이지요. ※

◆ 팀 버튼이 1988년에 제작한 미국의 판타지 코믹 호러 영화의 제목이자 영화 주인공인 악당의 이름. 비틀주스는 흰색과 검은색 줄무늬 옷을 입고 다닌다.

LA DÉFENSE

1, PARVIS de la DÉFENSE • PUTEAUX

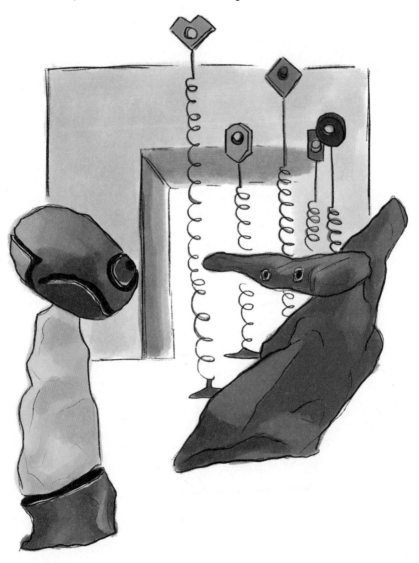

라 데팡스

📍 라 데팡스 광장 1번지(퓌토)

파리 포위를 기리는 법

La Défense, 1, parvis de la Défense, Puteaux,
Just past 16th arrondissement

오랜 역사를 품고 있는 도시 파리에서 현대성과 공공 예술이 지배적인 라 데팡스La Défense는 파리나 그 주변부와 약간 대조적인 곳입니다. 파리의 서쪽 외곽이자 행정구역상 퓌토Puteaux에 속하는 이곳은 계획적으로 조성된 상업-비즈니스 구역으로, 파리를 미래주의적으로 해석한 것처럼 느껴집니다. 많은 고층 건물과 파리 개선문(에투알 개선문)Arc de Triomphe을 모나게 재해석한 것 같은 라 데팡스의 신개선문La Grande Arche de la Défense이 있지요. 요한 오토 폰 스프레켈슨Johan Otto von Spreckelsen과 레이첼이 1989년에 건축한 높이 110m인 이 입방체 구조물은 실제로 파리 개선문의 현대판을 의도해 설계했답니다. 이 기하학적 아치는 파리 개선문과 정확히 일직선상에 약 4km 떨어진 곳에 놓여 있는데, 개선문은 또 루브르로부터 일직선상으로 거의 4km 떨어진 거리에 위치해요. 그래서 신개선문 옥상에 올라가면 파노라마처럼 펼쳐진 파리의 전경뿐 아니라 파리 개선문을 지나 루브르까지 직선으로 이어진 광경도 볼 수 있습니다.

비록 신개선문이 주변을 압도하고 있지만, 라 데팡스에는 산책로를 따라 세계적인 유명 예술가들의 조각도 많이 놓여 있어요. 알렉산더 칼더Alex-ander Calder의 거대한 붉은 거미, 원색으로 칠해진 호안 미로Joan Miró의 두 추상 인물(153쪽 그림 참조), 릴리앙 부르자Lilian Bourgeat의 초대형 벤치, 하늘에 닿을 것 같은 세자르의 커다란 엄지손가락 등이 밀집한 도시 건물에 아랑곳하지 않고 자리 잡고 있답니다. 이곳에서 예술은 특대 사이즈인 데다가 그 숫자도 많아요.

70개 정도 되는 예술 작품 사이에는 다양한 카페, 그늘진 벤치, 정원과 쇼핑몰이 있으며, 길 끝에는 그리스 작가 타키스의 환상적인 설치 예술품에 도달하는 산책로도 하나 있습니다. 타키스의 작품 〈수조Le Bassin〉는 라데팡스에 진입하는 곳에 위치한 큰 연못에 토템 한 무리를 설치한 것입니다. 멀리 보이는 탁 트인 파리의 전경과 함께 연못의 수면에는 주변의 초현대적인 건물들이 거울처럼 비치고 있으니, 정말로 환상적인 조합이죠.

아이러니하게도 라 데팡스라는 이름은 신개선문 근처에 있는 어느 오래된 조각에서 유래했습니다. 루이 에르네스트 바리아Louis Ernest Barrias의 1883년 작 〈파리 수호La Défense de Paris〉는 보불전쟁 중 있었던 파리 포위를 기리기 위해 세운 동상입니다. 파리를 상징하는 왕관 쓴 여성이 한 젊은 병사와 슬픈 표정을 한 여성 시민(각각 승리와 시민들이 겪은 전쟁의 고통을 상징합니다) 뒤에 서 있는 모습이지요. 주변에 있는 수많은 추상 조각과 대비되지만 〈파리 수호〉는 우리에게 이 도시의 깊은 역사적 뿌리와 그에 대한 자부심을 일깨워 줍니다. ※

DENYS PUECH
Monument to Gavarni
PLACE SAINT-GEORGES • 9e

데니스 푸에쉬, 가바르니 기념상, 1911

📍생 조르주 광장(9구)

페미니즘에
보내는 찬사

Denys Puech, Monument to Gavarni,
1911, place Saint-Georges(9th arrondissement)

파리는 조각과 장식들로 가득하고 그래서 우리는 이 도시를 사랑할 수밖에 없죠. 모든 교차로, 막다른 골목, 산책로, 공원에는 조각이나 흉상, 장식 분수대 등을 세울 명분이 있다고 여깁니다. 하지만 바로 이 점이 멋진 건축물과 함께 파리를 파리답게 하는 요소의 일부죠. 생 조르주가와 노트르담 드 로레가Notre Dame de Lorette가 만나는 지점인 생 조르주 광장은 파리의 전형적인 아름다움이 묻어나는 광장 중 하나입니다. 1824년에 조성된 이 원형 광장에는 도로변에서 한 걸음 뒤로 물러나 있는 우아한 고급 맨션들과 파리의 고전적인 지하철 표지판, 오래된 가로등, 장식 연철 대문 등이 늘어서 있습니다. 파리의 많은 광장처럼 이곳에도 조각으로 꾸며진 분수가 있어요. 그 옛날, 말들에게 물을 제공하기 위한 용도였지요. 이런 전형적인 분수대에 대해 왜 이야기하느냐고요? 이 분수는 오래전에 사라진 파리 사육제를 묘사하고 있는, 파리에 남은 단 하나의 조각이거든요. 게다가 당시로서는 대단히 사회적 물의를 불러일으켰을 뿐 아니라 불법이었던 바지 입은 여성을 묘사하기 때문이죠.

1911년 이 자리에 있던 분수는 외관을 전면 개조함으로써 새 기념물이 됩니다. 그곳에는 데니스 푸에쉬Denys Puech가 조각한 19세기 프랑스 삽화가 폴 가바르니Paul Gavarni(필명은 쉴피스 기욤 슈발리에Sulpice Guillaume Chevalier)의 흉상을 올린 원주 기둥이 세워지지요. 가바르니는 위트 있는 삽화들과 함께 사육제를 묘사한 연작을 포함해 파리의 다양한 일상생활을 담은 캐리커처들을 그린 것으로 유명한 인물입니다. 수백 년의 역사를 지닌 파리 사육제는 1950년대 이후 인기를 잃었죠. 가바르니의 흉상이 올라가 있는 기둥에는 전통적인 카니발 캐릭터들이 저부조로 새겨져 있습니다. 도둑, 창녀, 할리퀸, 그리고 바지 입은 여성 데바두즈débardeuse◆가 그것이죠. 19세기 프랑스에서는 경찰의 허가증이나 의료적인 이유로 의사가 발급해준 처방전이 없는 한 여성들이 바지 입는 것을 법으로 금지했답니다. 유일하게 허용되는 경우는 카니발에서 공연 의상을 입을 때였고요. 더욱 어처구니없는 건 여성에게 바지 착용을 금지한 법이 2013년에야 폐지됐다는 사실입니다!

아름다운 원형 교차로 한 가운데에 서 있는 이 멋진 분수대는 단순히 어느 프랑스 예술가와 사라진 카니발의 전통을 기리는 기념물이 아닙니다. 우연의 산물이긴 하지만 페미니즘과 과감하게 편안한 복장을 추구했던 용감한 여성들에게 바치는 여권 신장 운동 초창기에 대한 찬사이기도 하답니다.
✖

◆ '하역 인부'를 뜻하는 단어 데바두르(débardeur)의 여성형. 'débardeur'는 원래 민소매 상의를 뜻하는 말이었는데 부두 하역 노동자들이 민소매 셔츠를 주로 입어 하역 인부도 지칭하게 됐다.

EMMANUEL FRÉMIET
Joan of Arc
PLACE des PYRAMIDES • 1ᵉ

에마뉘엘 프레미에, 〈잔 다르크〉, 1847(1899)

📍 피라미드 광장(1구)

완벽주의자 예술가의
말 바꾸기

Emmanuel Frémiet, Joan of Arc(Saint Jeanne d'Arc), gilded bronze,
1847(and 1899), place des Pyramides(1st arrondissement)

1870년 프랑스 정부는 보불전쟁에 패배하자 국민의 사기와 자신감을
높이기 위해 공공장소에 세울 조각을 발주했습니다. 이 작품은 1914년까지
파리에서 유일하게 정부의 재원으로 제작된 조각이었지요. 나폴레옹3세는
프랑스의 힘을 상징하는 국민적 영웅 잔 다르크Joan of Arc 조각상을 맡아줄
작가로 에마뉘엘 프레미에Emmanuel Frémiet를 선택합니다. 프레미에는 인체
와 동물을 뛰어나게 사실적으로 묘사한 것으로 유명했는데, 이 도금한 작품
에서도 그 실력을 여실히 증명했죠. 그러나 유감스럽게도, 그는 완벽주의적
결벽증으로 몰래 자신의 작품 원본을 수정합니다.

　프레미에의 조각은 잔 다르크의 유산에 걸맞은 훌륭한 작품으로 잔이
1429년 파리 공성전 중 부상 입은 곳으로 추정되는 자리 근처에 세워졌습니
다. 오른손에 진짜 천으로 만들어진 것처럼 펄럭이는 황금 깃발을 높이 치켜
든 이 멋진 조각상은 피라미드 광장에서 어슴푸레 빛을 발하고 있지요. 항상
치밀했던 프레미에는 이 작품을 제작할 때 성녀의 모습을 최고로 정확하게
재현하고자 15세기 갑옷까지 싱세히 연구했다고 합니다.

1874년 완성된 작품은 많은 찬사 속에 제막됐습니다. 그리고 1889년 낭시시는 프레미에에게 도심에 세울 이 조각의 복제품을 만들어 달라고 의뢰하죠. 이 작업에서 프레미에의 완벽주의는 최고의 결과물을 내놓습니다. 그는 자신이 제작한 잔 다르크의 모습에는 만족했지만 성녀가 탄 말의 정확도에는 못내 아쉬움을 느끼고 있었죠. 낭시에 세울 복제품을 제작하면서 그는 말의 신체 비례를 교정하는 한편, 마구를 제거하고 재갈을 추가하는 등 세부를 약간 바꿨습니다.

그리고 10년 뒤 파리에 있는 원작도 수정할 기회가 찾아옵니다. 피라미드 광장 주변 거리들이 공사에 들어가면서 잔 다르크 조각은 보호를 위해 일시적으로 프레미에의 작업실로 옮겨졌거든요. 그는 아무도 몰래 원작에 있던 말을 제거하고 낭시의 복제품과 똑같은 말로 대체했습니다. 수정한 작품에 다시 감쪽같이 도금을 입히며 아무도 눈치 채지 못할 거라 생각했죠. 그러나 그의 예상은 빗나갔어요. 작품이 원래 자리에 다시 세워지자 비평가들은 즉시 바뀐 부분을 알아채고 불만을 쏟아냈습니다. 프레미에는 제거한 말을 녹여서 새 말을 주조했다고 거짓말했지만, 사실 원작에 있던 말은 필라델피아로 보내져 또 다른 잔 다르크 복제본에 쓰였답니다. 원본 말에 올라탄 이 잔 다르크는 현재 필라델피아의 페어마운트 공원Fairmount Park에 서 있어요. ✖

LADIES of LIBERTY

ÎLE aux CYGNES • PONT de GRENELLE • 15ᵉ/16ᵉ
MUSÉE d'ORSAY • 1, RUE de la LÉGION d'HONNEUR • 7ᵉ
JARDIN du LUXEMBOURG • 6ᵉ
FLAME of LIBERTY • 7, PLACE DIANA • 8ᵉ

자유의 여신들

📍 백조의 섬, 그르넬 다리(15, 16구)·오르세미술관, 레종도뇌르가 1번지(7구)·뤽상부르
공원(6구)·자유의 불꽃, 다이애나 광장 7번지(8구)

뉴욕과 파리에 사는 자매들

Ladies of Liberty, Swan Island(Île aux Cygnes),
near Pont de Grenelle(between 15th and 16th arrondissement),
Musée d'Orsay, 1, rue de la Légion d'Honneur(7th arrondisse-ment),
Jardin du Luxembourg(6th arrondissemen)t, Flame of Liberty (Flamme de la Liberté),
7, place Diana(8th arrondissement)

1886년 이래로 뉴욕항에 서 있는 자유의 여신상(원제: 세상을 밝히는 자유의 여신Liberty Enlightening the World)은 미국의 자유를 상징해왔습니다. 프레더릭 바르톨디Frédéric Bartholdi가 제작한 이 상징적인 조각은 프랑스로부터 받은 선물이었죠. 하지만 뉴욕의 이 93m짜리 자유의 여신은 유일무이한 작품이 아니랍니다. 크기는 다르지만 바르톨디가 만든 이 걸작의 또 다른 주물 복제품들을 세계 여러 곳에서 볼 수 있거든요. 사실 파리에도 이 여신의 자매들이 여러 구에서 자유의 횃불을 들고 있답니다.

미국에 자유의 여신상이 세워지고 3년 뒤, 파리에 거주하는 미국인들은 그들이 살고 있는 도시에 프랑스혁명 100주년을 기념하는 선물을 증정하고자 똑같은 여신상의 축소판(11m)을 제작해달라고 주문했습니다. 그렇게 완성된 작은 자유의 여신은 아름다운 백조의 섬Île aux Cygnes에 설치됐지요. 이 섬은 센강에 인공으로 조성된 좁은 공원으로 예쁜 나무들이 늘어서 있어서 산책하거나 책을 읽기 좋은 장소랍니다. 백조의 섬 자유의 여신은 한때 에펠탑을 바라보고 서 있었는데, 1937년에 방향을 틀어서 대서양 건너에 있는 뉴욕의 자매 여신을 향하도록 바꿔놓았습니다.

바르톨디는 이 주문과 별도로 1889년에 파리 만국박람회을 기념한 더 작은 여신상(3m)도 만들어 뤽상부르미술관Musée de Luxembourg에 기증했어요. 이 작품은 한 세기가 넘도록 뤽상부르 공원에 서 있다가 2014년에 오르세미술관의 현관홀로 옮겨졌습니다.

물론 아무 말 없이 모른 척하고 뤽상부르 공원에서 작품만 가져갈 수는 없지요. 이에 새로운 복제품을 만들어 원래 동상이 있던 자리에 놓았습니다. 이것이 파리에 있는 세 번째 자유의 여신상이죠. 네 번째 여신(3m)은 공예박물관Musée des Arts et Metiers 바깥에 서 있는데, 바르톨디 사후인 1907년 그의 부인이 기증한 축소판 여신상의 원본 석고 모형plaster maquette으로부터 주형을 떠 제작했습니다(이 석고 모형은 현재 박물관 안에서 볼 수 있어요). 2021년 프랑스 정부는 이 네 번째 여신상을 미국으로 보낸다고 발표했고 그후 워싱턴에 있는 주미 프랑스 대사의 관저에 세워놓았습니다.

파리에 자유의 여신상들이 여럿 있지만, 아마 방문객들이 가장 많이 찾는 것은 여신상의 일부만 떼어 놓은 작품일 거예요. 4m에 이르는 자유의 불꽃은 센강을 가로지르는 알마 다리Pont de l'Alma 근처에서 빛나고 있습니다. 뉴욕에 있는 원본 여신의 횃불만 재현해놓은 이 작품은 1989년 신문사 인터내셔널 해럴드 트리뷴The International Herald Tribune이 미국과 프랑스 양국의 우정을 기념하는 상징으로 기증했죠. 하지만 이 도금된 불꽃상은 자유의 여신이 아닌 다른 여성을 추모하는 기념물이 됐답니다. 바로 영국의 왕세자비 다이애Lady Diana, Princess of Wales를 말이죠. 다이애나는 1997년 파파라치의 추석을 피해 차를 타고 달리다 이 불꽃이 있는 광장 밑의 터널에서

사고로 세상을 떠났습니다. 이 광장은 2019년 그를 추모하는 의미에서 다이 애나 광장Place Diana으로 개명됐고요.

　　파리에 있는 마지막, 그러나 덜 알려진 자유의 여신은 세자르의 조각 〈켄타우로스〉의 흉갑에 새겨져 있는 여신이랍니다. ※

GEORGES DIEBOLT
Zouave
PONT de l'ALMA • 7ᵉ/17ᵉ

조르주 디에볼, 〈주아브〉, 1856

📍 알마 다리(7, 17구)

센강을 감시하는
수호자

Georges Diebolt, Zouave, 1856,

Pont de l'Alma(Between the 7th and 17th arrondissement)

알제리인 병사 하나가 1856년부터 알마 다리 아래의 둑을 조용히 지키고 있습니다. '주아브Zouave'라고 불린 북아프리카 출신 병사들은 1830년 대부터 재빠른 전투 스타일로 명성을 떨치며 프랑스군에서 엘리트 부대를 이루며 활약해왔습니다. 조르주 디에볼Georges Diebolt이 1856년 제작한 파리의 주아브는 전선에 주둔하는 대신 일 년 내내 센강의 수위를 지켜보고 있지요.

주아브는 원래 북아프리카의 베르베르족Berber 원주민들로, 1830년 대부터 1960년대 초까지 프랑스군과 함께 싸웠습니다. 디에볼의 〈주아브〉는 19세기 북아프리카에서 인기를 끌던 이 베르베르족 연대의 전통 군복을 입고 있답니다. 그는 헐렁한 시르왈sirwal♦ 바짓단을 발목 위로 올라오는 장화 안에 접어 넣었고, 앞섬이 열린 자켓은 띠와 망토로 장식했죠. 페즈fez♦♦는 옆에 둔 소총 위에 놓여 있네요.

〈주아브〉는 크림전쟁♦♦♦에 참전했던 프랑스군을 기리기 위해 제작한 알마 다리의 연작 조각 네 점 중 하나입니다. 나머지 셋은 척탄병grenadier,

엽병Chasseur à pied, 포병이지요. 1970년대에 다리 확장 공사를 하면서 주아브의 세 전우는 다른 곳으로 이전했고 그만 원래 자리를 지키고 있답니다.

크림전쟁 종전과 함께 알마 다리의 주아브는 새로운 임무를 부여받았죠. 센강의 비공식적인 감시자이자 수위를 표시하는 역할입니다. 호우철이 되면 파리 시민들은 센강 수위가 얼마나 높아졌는지 확인하고 홍수에 대비하기 위해 5.2m 높이의 이 석상을 주시합니다. 강물이 주아브의 발에 닿으면 강변 인도를 폐쇄하고 주변 건물은 범람에 대비해야 합니다. 1910년 대홍수가 일어났을 때는 강물이 석상의 어깨까지 올라왔는데, 현대 들어 기록된 가장 높은 수위였다고 하네요.

센강의 수위를 측정하는 '공식적인' 표지는 파리 동부의 아우스테리츠 다리Pont d'Austerlitz에 있습니다. ※

◆ 무슬림 국가들에서 주로 입는 통이 넓은 전통 복식의 바지. '하렘 바지'라고도 불리며 오스만제국의 영향으로 그리스나 일부 발칸 지역 전통 복장에서도 찾아볼 수 있다.
◆◆ 챙이 없는 실린더 형태의 모직 모자. 보통 붉은색이나 검은색이며 정수리에 술이 달렸다. 현대의 페즈는 오스만제국 시대 복장에서 유래했다.
◆◆◆ 흑해 주변 지역의 지배권을 두고 러시아와 오스만제국-프랑스-영국-사르데냐왕국 연합군이 벌인 전쟁(1853~1856)

앙리 아루아, 〈죽음〉, 1910

📍 약학 대학원가 15번지(6구)

망자들의 영혼을 거둬가는
얼굴

Henri Allouard, Death(La Mort), marble, 1910, 15,
rue de l'École de Médecine(6th arrondissement)

파리 사람들은 으스스한 것에 약간 집착하는 경향이 있어요. 19세기에는 영안실을 방문하며 음료를 즐기는 과장된 사교 이벤트도 열렸고, 벨 에 포크 시대에는 역사적인 섬뜩한 대상들을 애호하는 클럽도 있었답니다. 오늘날 인기 있는 지하 납골당 관광도 그 연장선이라고 할 수 있죠. 죽음은 파리에서 항상 유행의 일부였기에 예술가·조각가들이 죽음이라는 주제를 선호했다는 사실도 그리 놀라운 일은 아닙니다. 그중 죽음이라는 오랜 주제를 가장 아름답고 극명하게 표현한 작품은 약학 대학원◆에 서 있는 조각일 겁니다. 이 작품에서 해골 얼굴을 한 죽음은 뼈가 앙상한 손가락을 드러낸 채 커다란 낫에 기대서서 망자들의 영혼을 거둬가려고 기다리는 모습이죠.

1910년 조각가 앙리 아루아Henri Allouard는 18세기 말 프랑스혁명 이후 설립된 프란체스코회 수녀원Convent of the Cordeliers을 위해 이 작품을 조각했습니다. 멋진 중정이 있는 이 수녀원은 나중에 약학 대학원으로 바뀌었고 아루아의 〈죽음〉은 그 자리에 그대로 남았습니다. 대리석과 여타 재료를 나루는 데 뛰어났던 아루아는 판테옹Panthéon과 파리 시청, 가르니에 오페라 극장Palais Garnier을 조각한 것으로 유명해진 예술가죠.

이 죽음의 신 조각은 시의적절하게도 아루아가 자신의 예술적 성취를 되돌아보던 그의 경력 말기에 제작됐습니다. 그는 서로 다른 색조의 대리석을 쓰거나 대리석과 다른 재료들을 섞어 작업하기를 즐겼는데, 이 작품이 바로 그것을 보여주는 대표 사례입니다. 매우 사실적으로 정교하게 조각된 사신의 얼굴과 손은 진짜 뼈처럼 약간 누런빛을 띄고 있고, 그가 입은 전통 수의의 주름들은 대리석이 아닌 실제 직물처럼 보이죠. 한 손을 낫 위에 올려놓은 죽음의 신은 망자의 명부에 들어갈 다음 희생자를 찾고 있는 듯이 중정을 내려다보고 있습니다. 그가 딛고 서 있는 받침대는 왕관, 열려 있는 보물 상자, 금, 동전 등 온갖 물건들이 쌓인 무더기 같아요. 사신의 방문은 아무런 쓸모도 없는, 인간을 허영과 자만으로 이끄는 것들을 보여준답니다. ※

◆ 파리 도심 대학Université Paris Cité 부속의 약학·보건 전문대학원. 프랑스는 2010년 이후 13개에 달하던 파리 대학을 대대적으로 개편했는데, 파리 도심 대학은 옛 파리 5대학과 파리 7대학을 합쳐 2019년에 설립됐다.

JEAN DUBUFFET
The Welcoming
48, BOULEVARD SERURIER • 19ᵉ

장 뒤뷔페, 〈환영〉, 1973(1988)

📍 세륄리에대로 48번지(19구)

현실 속
3차원 색칠 공부

Jean Dubuffet, The Welcoming(L'Accueillant), 1973, realized 1988, 48,
boulevard Serurier(19th arrondissement)

장 뒤뷔페Jean Dubuffet의 조각들은 마치 색칠 공부 책을 3차원 현실로 옮겨 놓은 것 같습니다. 기이한 검은 선들이 색칠해주기를 기다리는 것 같은 하얀 형체들을 둘러싸고 있죠. 그렇지만 좀 다른 경우도 있습니다. 검정색과 흰색의 길쭉한 직사각 형체를 남겨두어 보는 사람으로 하여금 마음속으로 색칠하게 하기도 해요. 이러한 그의 조각을 세우는 데 가장 적합한 곳으로 아동 병원만한 게 있을까요?

1985년 뒤뷔페가 사망하고 3년이 지난 뒤, 파리 공공병원 지원 재단Paris Public Hospital Assistance은 뒤뷔페 재단에게 1973년 그가 제작했던 모델 중 하나를 로베르 드브레 병원에 설치할 큰 조각 작품으로 만들어달라고 주문합니다. 그렇게 선택된 〈환영The Welcoming〉은 원래 뒤뷔페가 워싱턴 DC의 미국 국립미술관the National Gallery in Washington DC 앞에 설치하려고 제작했던 조각 연작 중 하나였습니다. '환영 퍼레이드Welcome Parade'라 이름 불린 이 연작 시리즈는 뒤뷔페가 우어룹Hourloupe(그가 프랑스어 hurler(울부짖다), hululer(경적을 울리다)와 loup(늑대)를 조합해 만든 단어)이라고 명명한 스타일로 완성된 5점의 기이한 조각들입니다. 끝내 국립미술관에 설치되진 못했지만요. 우어룹은 작가 자신이 전화통화하던 중에 볼펜으로 무언가를 끼적인 종이에서 영감을 받은 작품입니다. 단순한 무의식적 행위를 그가 부르트 미술Art Brut이라 부르던 예술 운동의 일환으로 바꿔놓은 거죠. '환영 퍼레이드'는 결코 설치된 적 없지만, 뒤뷔페는 이 연작을 위해 총 17개의 작품을 디자인했습니다. 현재 이 조각들 중 일부는 독립된 단일 작품 형태로 세계 여러 곳에 설치돼 있습니다. 이들은 딱 한 번, 2008년에 쁘티궁Petit Palais 앞에 다 함께 모였지요. '환영 퍼레이드' 연작에 속하는 〈아름다운 의상Le Bel Costumé〉은 튈를리 공원Tuileries Gardens에 영구 전시돼 있답니다.

　연이은 소용돌이 모양의 끼적인 볼펜 자국을 한 남자의 형상으로 만든 작품 〈환영〉에서는 뒤뷔페가 남긴 어지러운 낙서의 흔적을 쉽게 찾아볼 수 있습니다. 거의 6m에 이르는 이 남자는 치아를 보이며 미소를 띄운 채 오른팔을 반쯤 들어 병원의 어린이들에게 인사하듯 손 흔들고 있어요. 그의 몸은 절반쯤 칠해져 있는데 파란색, 빨간색으로 채워져 있거나 군데군데 색이 벗겨져 있어서 마치 보는 사람들에게 마저 색칠해달라고 부르는 듯합니다. ※

JEAN TINGUELY & NIKI de SAINT PHALLE
Stravinsky Fountain
PLACE IGOR STRAVINSKY • 4e

장 팅귈리·니키 드 생 팔레, 〈스트라빈스키 분수〉, 1983

📍 이고르 스트라빈스키 광장(4구)

열여섯 조각이 연주하는
스트라빈스키 음악

조르주 퐁피두 센터Centre Georges Pompidou의 현대미술관에서 생 메리가rue Saint Merri를 건너면 작곡가 이고르 스트라빈스키의 음악을 기발하게 해석한 조각이 하나 있습니다. 576㎡의 분수 안에 놓여 있는 열여섯 개의 조각들은 정신없이 물결치듯 움직이고 빙빙 돌면서 물을 내뿜어 광장에 있는 관광객들을 즐겁게 해주죠. 조각가 장 팅귈리Jean Tinguely와 화가 니키 드 생 팔레Niki de Saint Phalle가 만든 이 스트라빈스키 분수Stravinsky Fountain는 1983년 지하에 자리한 음향악-음악 연구 협력 재단Institute for Research and Coordination in Acoustics/Music의 지상 광장에 설치됐습니다. 두 작가는 굉장히 다른 스타일로 작품을 제작했습니다. 팅귈리의 조각들은 검은색에 기계적으로 생긴 반면, 드 팔레의 조각들은 밝은색이고 마치 아이들이 만든 것 같지요. 하지만 모두 스트라빈스키의 재즈 음악에 보내는 찬사라는 점에서 공통적입니다.

두 작가의 스타일은 대조적이지만 협업의 결과물은 적절히 조화를 이루죠. 비스듬히 누운 인어의 가슴, 새 머리 위 왕관, 코끼리 코, 기계처럼 생긴 조각들이 물을 뿜어냅니다. 셰퍼드 페어리Shepard Fairey와 프랑스 화가 제프 아에로졸Jef Aérosol의 거대한 벽화들이 분수를 내려다보고 있지요. 퐁피두 센터 옆에 위치한 이 광장은 음악가와 공연자들이 다양한 즉흥 공연을 여는 곳으로 인기 있는 장소예요. 분수를 둘러싸고 있는 벤치는 휴식을 취하기 좋은 터라 퐁피두의 현대미술관에서 군중과 씨름하고 난 사람들이 이곳에 앉아 커피나 아이스크림을 먹으며 쉬곤 합니다. ✲

JEAN-BERNARD MÉTAIS
The Man Who Could Walk Through Walls
PLACE MARCEL AYMÉ • 26, RUE NORVINS • 18ᵉ

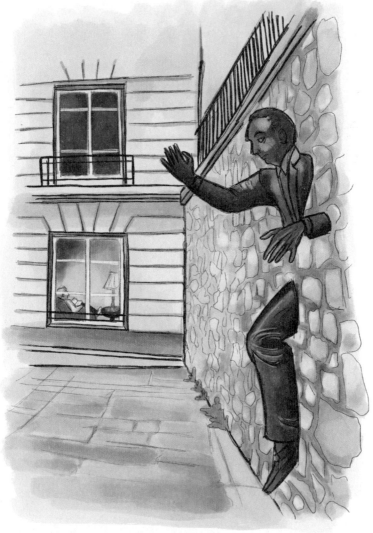

장베르나르 메태, 〈벽을 통과해 걷는 남자〉, 2006

📍 마르셀 에메 광장, 노르방가 26번지(18구)

벽을 통과해
벽에 갇힌 남자

Jean-Bernard Métais,
The Man Who Could Walk Through Walls(Le Passe-muraille), 2006,
place Marcel Aymé, 26, rue Norvins(18th arrondissement)

프랑스 작가 마르셀 에메의 단편 〈벽을 통과해 걷는 남자The Man Who Could Walk Through Walls, Le passe-muraille〉는 어느 날 갑자기 자신이 벽을 통과하는 능력을 가졌다는 사실을 알게 된 한 남자의 이야기로, 여러 영화·음악·텔레비전 쇼에 영감을 준 컬트 소설의 고전입니다. 몽마르트의 한 광장을 에메의 이름에서 따온 것이 이번에 소개할 조각을 만드는 계기였지요.

1941년에 집필된 〈벽을 통과해 걷는 남자〉의 줄거리는 이렇습니다. 몽마르트에 사는 뒤티엘Dutilleul이라는 남자는 마흔세 살이던 어느 날 자신이 쉽게 벽을 통과해 걸을 수 있다는 걸 알게 됩니다. 그는 처음에 두려운 나머지 의사를 찾아갔고, 의사는 그에게 정상으로 돌아가는 약을 처방해주었죠. 그러나 뒤티엘은 생각을 바꿔 약을 먹는 대신 자신의 능력을 이용해 나쁜 짓을 저지르며 즐기기 시작합니다. 그는 악의적인 장난으로 직장 상사를 미치게 해 정신 병원에 들어가게 하는가 하면, 벽을 통과해 은행과 보석 상점들을 털었죠. 경찰에 붙잡혀 수감됐을 때도 그는 감방 벽을 통과해 걸어 나와 유유히 도망칩니다. 이후 뒤티엘은 어느 유부녀와 사랑에 빠져요. 이 여자에

179

게는 폭력적인 남편이 있었는데, 그는 매일 밤 아내를 침실에 감금해놓고 일하러 나간 터라 뒤티엘은 그 집과 침실의 벽에 손쉽게 걸어 들어가 연인과 함께 밤을 보냈습니다. 1년 뒤, 뒤티엘은 예전에 의사가 처방해준 약을 아스피린으로 혼동해 먹었는데, 벽을 통과하려고 걸어 들어갔다가 약효가 발휘되는 바람에 벽에 반쯤 묻힌 채로 영원히 갇히고 말았답니다.

2006년 조각가 장베르나르 메태Jean Bernard Métais는 소설 속의 바로 이 장면을 청동으로 재현했습니다. 그가 만든 청동 뒤티엘은 걷고 있는 도중 한 팔과 한 다리가 돌벽 속에 영원히 박혀 버린 모습이죠. 현재 뒤티엘의 왼손은 반질반질한 금색인데, 수년 동안 많은 행인이 그를 벽에서 꺼내주려고 그의 왼손을 잡고 끌어당겼기 때문입니다. ※

JOAN MIRÓ
Moonbird

SQUARE de l'OiSEAU LUNAIRE • 45, RUE BLOMET • 15ᵉ

호안 미로, 〈문버드〉, 1975

📍 와주뤼네르 공원, 블로메가 45번지(15구)

옛 작업실을 기억하는
한 가지 방법

Joan Miró, Moonbird(L'Oiseau Lunaire), bronze, 1975,
Square de L'Oiseau Lunaire, 45, rue Blomet(15th arrondissement)

1920년대에 화가 호안 미로는 앙드레 마송André Masson, 시인 로베르 데스노스Robert Desnos와 함께 블로메가의 누추한 작업실에서 소규모로 초창기 초현실주의 그룹을 결성합니다. 당시 블로메가 주변 15구는 그다지 좋은 동네는 아니었지요. 아무튼 세 사람은 이 작업실에서 일하고, 술 마시고, 아편을 피우거나 친구들을 불러 밤늦도록 이야기도 하면서 많은 시간을 보냈습니다. 오래지 않아 앙드레 브레통André Breton, 후안 그리스Juan Gris, 이브 탕기Yves Tanguy, 스타인, 심지어 헤밍웨이까지 발 네그르Bal Nègre 댄스홀(이곳에서 초현실주의 예술가들은 서아프리카 스타일의 베긴Beguine◆ 음악을 처음 접하고 그로부터 많은 영향을 받았습니다)을 가는 길에 이 작업실에 들르곤 했답니다. 이 초현실주의자 그룹은 동료애와 협력의 정신이 넘쳤죠. 그래서 이 작업실을 출입했던 예술가·작가들은 모두 그곳에서 보낸 시간을 자신에게 있어 중요한 예술적 형성기였다고 회상합니다. 미로의 작업실이 있던 건물은 한 세대 전 로댕과 알프레드 부쉐Alfred Boucher의 작업실이 있던 곳이기도 한데, 안타깝게도 1930년대 철거돼 현재는 예술사에서 거의 잊혀졌습니다.

1960년대 후반, 프랑스 문화부는 미로의 작품 한 점을 공공장소에 영구적으로 설치해 그를 기념하려 했습니다. 미로는 한 가지 조건을 걸고 이를 수락합니다. 블로메가에 있던 자신의 옛 작업실 자리에 작품을 놓아야 한다는 조건이었죠. 그렇게 미로의 대표작 중 하나인 〈문버드Moonbird〉가 1975년 그의 옛 작업실 자리였던 공원 한 가운데에 설치됐습니다. 미로는 이 작품을 1944년 독일군의 강제수용소로 끌려갔다가 이듬해 해방 한 달 만에 장티푸스로 사망한 친구 데스노스에게 헌정했습니다. 이 거대한 조각은 무게가 907㎏, 높이는 2.3m에 달하죠. 같은 작품의 4m짜리 버전이 뉴욕 58번가에 있는데, 《아트 하이딩 인 뉴욕》을 읽은 분들은 기억하실 거예요. 원래 블로메였던 공원의 이름은 2010년 와주뤼네르Oiseau-Lunaire◆◆로 바뀌었고 이듬해에는 조각 옆에 미로가 이곳에 살며 작업했었다는 내용을 적은 현판을 설치했다는 것을요. ✳

◆ 카리브해의 프랑스 식민지에서 유래한 음악과 춤 양식으로 느린 룸바와 비슷하다.
◆◆ 'Oiseau'는 프랑스어로 '새', 'Lunaire'는 '달'을 뜻한다.

JULES-AIMÉ DALOU

Eugène Delacroix Monument

LUXEMBOURG GARDENS • 6e

쥘에임 딜루, 〈외젠 들라크루아 기념비〉, 1980

📍 뤽상부르 공원(6구)

영광·시간·예술적 재능

Jules-Aimé Dalou, Eugène Delacroix Monument, 1890,
Luxembourg Gardens (Jardin du Luxembourg)(6th arrondissement)

유명 화가 들라크루아는 1863년 세상을 떠났습니다. 1년 뒤 그의 유작
들을 공개한 사후 전시회는 그를 프랑스 회화의 지도적 인물로 여긴 새로운
세대 화가들에게 깊은 영감을 주었습니다. 드가, 모네, 세잔과 그 밖의 동세
대 화가들은 들라크루아의 인상적인 붓 터치에서 인상주의 운동과 현대미술
의 선구적 움직임을 보았던 거죠. 그래서 파리 미술계는 1885년까지 들라크
루아를 추모하는 거대한 기념물을 세우기 위한 기금을 모읍니다.

국립미술학교Ecole des Beaux-Arts에서 열린 전시회의 입장료를 기반으
로 기금이 마련되자, 파리 미술계는 중요한 분수 기념물을 제작할 인물로 프
랑스 조각가 쥘 에임 달루Jule Aimé Dalou를 선임합니다. 로댕의 친구인 달루
는 오스만의 파리 재개발 사업을 위한 장식 조각들을 제작한 것으로 유명해
졌는데, 사실 그는 열성적인 노동자 계층의 옹호자였습니다. 그는 파리코뮌
을 지지했다가 1871년 해외로 망명을 갔는데, 1879년 사면돼 프랑스로 돌아
오기 전까지 영국에서 신 조각 운동New Sculpture movement♦의 일원으로 활
동했죠.

달루가 제작한 분수대의 은유적 캐릭터들은 들라크루아를 기리는 작품에 걸맞게 세부 묘사가 매우 풍부합니다. 꼭대기에는 젊은 화가의 흉상이 있는데, 콧수염을 기르고 스카프를 두른 세련된 옷차림을 한 이 남자는 아름다운 공원을 내려다보고 있습니다. '영광'을 상징하는 여성 인물이 이 흉상의 기단에 꽃과 야자나무 잎을 바치고 있지요. 이 영광의 여신은 수염을 기른 날개 달린 늙은 남자가 들어 올리고 있는데, 이 인물은 '시간'을 상징합니다. 마지막으로 아래쪽에 앉아 있는 인물은 '예술의 재능'을 상징합니다. 들라크루아의 천재적 재능에 찬사를 보내며 박수를 치고 있네요.

사실 이 작품은 들라크루아에 대한 헌사일 뿐 아니라 그의 예술적 발자취를 따르는 이들이 중요하다는 점을 인정한다는 의미도 있답니다. 인물 군상이 둘러싸고 있는 흉상 아래 기단부에는 이런 문구가 새겨져 있거든요. "외젠 들라크루아와 그의 숭배자들을 위해For Eugène Delacroix 1798-1863 and his admirers". 고루하지만 들라크루아의 작품으로부터 영감을 받은 모든 이들에게도 찬사를 표하는 것이죠. 이 기념비는 시간과 함께 멋지게 녹이 슨 채로 여섯 개의 분출구가 물줄기를 뿜어내는 분수 위에 놓여 있습니다.

달루의 또 다른 작품 〈침묵의 승리Triomphe de Silène〉도 뤽상부르 공원 서쪽에서 찾을 수 있어요. ※

◆ 19세기 말부터 20세기 초 영국에서 유행한 조각 미술의 사조. 차츰 추상화로 변해가는 대륙 조각의 추세를 거부하며 주로 문학작품이나 신화 속 인물을 이상적(정확한 신체 묘사, 동적인 포즈, 아름다운 외모)으로 표현한 작품들을 제작했다.

JULIEN LORIEUX
Catherinettes
2, RUE MAYRAN • 9ᵉ

줄리앙 로리우, 카트리테트, 1908

📍 메이랑가 2번지(9구)

카테리나 성녀에
모자 씌우기

Julien Lorieux, Catherinettes, marble, 1908, 2,
rue Mayran(9th arrondissement)

19세기와 20세기 초에는 스물다섯 살까지 결혼하지 않은 여성을 정말 불행하다고 여겼습니다. 프랑스에서는 이런 여성들을 카트리네트Catherinettes라고 불렀는데, 멋진 밴드 이름같이 들리지만 실은 '노처녀spinster'라는 뜻입니다. 줄리앙 로리우Julien Lorieux가 1908년 제작한 이 석상은 한 무리의 미혼 여성들을 묘사합니다. 하지만 이 작품의 여성들은 비참해 보이기보다 오히려 자유롭고 행복해 보여요. 여러분이 보시기에는 어떤가요?

카트리네트라는 용어는 16세기에 유래했는데, 원래 성녀 카테리나Santa Caterina d'-Alessandria◆를 섬기는 미혼 여성들의 그룹 이름이었습니다. 19세기에 산업화가 진행된 뒤에는 카트리네트가 주로 의류나 모자 제조업에서 일하는 여성들을 칭하는 데 쓰였지요. 카트리네트는 일종의 사교 클럽을 형성했고 이들은 매년 11월 25일에 카테리나 성녀의 축일을 기념해 화려한 모자를 만들어 쓰고 좋은 남편감을 만나기 위해 무도회에 나갔답니다.

좋은 모자를 쓰고 나가 남편감을 낚는다는 계획이 효과적이었는지는 모르겠지만 적어도 "카테리나 성녀에 모자 씌우기"라는 표현이 생겼지요. 이 말은 스물다섯 전에 결혼하지 않았음을 뜻합니다. 오늘날 프랑스 대부분의 지역에서는 사라졌지만 아직도 시골의 일부 작은 마을이나 파리의 작은 공동체에서는 11월 25일을 기념해 특별한 모자를 만드는 전통이 남아 있어요.

카트리네트를 찍은 옛 사진에는 즐겁게 웃고 있는 여성들의 모습이 담겨 있습니다. 로리우가 제작한 대리석 조각처럼 말이죠. 벨 에포크 시대에 유행하던 복장을 입고 있는 로리우 작품의 여성들은 쾌활하고 즐거워 보입니다. 아마도 우정에 바치는 찬사겠지요. 로리우는 1908년에 이 작품을 완성해 1913년 파리시에 판매했지만 끝내 그의 석상이 제막되는 걸 보지 못한 채 세상을 떠났습니다. 이 작품은 이상적 결혼상이 크게 바뀌기 시작한 '타오르는 20년대Roaring Twenties'의 절정기인 1923년이 돼서야 설치할 수 있었거든요. 이렇게 결혼관이 변화할 수 있었던 것은 재즈, 국제적인 예술가와 지식인들의 유입, 그리고 당연히 신여성들flappers이 등장한 덕분이었답니다. ※

◆ 가톨릭 성녀 알렉산드리아의 카테리나. 프랑스식 이름으로는 카트린Catherine이다.

MAX ERNST
The Grand Assistant
RAMBUTEAU & BRANTÔME • 3ᵉ

막스 에른스트, 〈거대한 조력자〉. 1974

📍 랑부토가와 브랑톰가의 접점(3구)

반은 인간,
반은 새

Max Ernst, The Grand Assistant, bronze, cast 1974,
Corner of Rambuteau and Brantôme(3rd arrondissement)

풍피두 센터를 둘러싼 광장은 언제나 부산하죠. 돌로 포장된 골목길을 느릿느릿 걸어 다니는 관광객, 박물관 앞 경사면에서 스케이트보드를 타는 사람, 세일 중인 유명 의상점을 훑고 다니는 쇼핑객, 카페에 앉아 이 모든 광경을 지켜보는 주민까지 정말 많은 이들로 북적입니다. 이런 북새통에서는 군중들을 내려다보고 있는 아주 기이한 조각이 하나 있다는 걸 모르고 지나치기 쉽지요.

〈거대한 조력자The Grand Assistant〉는 전설적인 초현실주의자이자 다다◆ 예술가인 막스 에른스트Max Ernst의 작품입니다. 이 독일 출신 예술가는 평생에 걸쳐 다양한 시기에 파리에서 살았습니다. 그가 처음으로 파리에 거주한 건 1922년으로, 그는 그때 시인 폴 엘뤼아르Paul Éluard, 그의 아내 갈라Gala(나중에 엘뤼아르를 떠나 달리와 결혼했습니다)와 삼각관계 속에서 동거를 했지요. 에른스트는 이후 그의 네 번째 아내인 화가 도로테아 태닝Dorothea Tanning과 1976년 사망할 때까지 파리에서 살았습니다.

죽기 1년 전, 에른스트는 파리시가 프랑스 시민권을 준 것에 대한 감사 표시로 자신의 조각을 한 점 기증합니다. 이 작품은 1996년 퐁피두 센터 주변 지역을 재정비할 때 설치됐습니다. 반은 인간, 반은 새인 이 청동 인물은 이집트 부적처럼 두 팔을 활짝 펴고 있는데, 그 얼굴은 요즘 시대의 이모지emoji 같이 생겼죠. 에른스트의 기이한 피조물은 행인들이 지나다니는 거리 한 구석에 거의 건물 2층 높이로 쌓인 벽돌 기단 위에 앉아서 사람들이 알아봐주기를 기다리고 있답니다. ※

◆ 제1차 세계대전 중 스위스에서 시작해 1920년대 중반까지 유럽과 미국에서 유행한 예술 사조다. 반이성·반도덕을 표방하며 기존 가치와 전통을 부정하고 조롱한 것이 특징이다. 트리스탄 차라, 마르셀 얀코 등이 대표적인 다다이스트다.

OSSIP ZADKINE
Multiple Sites

오십 자드킨, 여러 작품들

📍 파리 여러 곳

입체파의 독특한 변신이
보고 싶다면

Ossip Zadkine, The Messenger(Le Messager), 45, quai d'Orsay, rometheus(Prométhée),
170, boulevard de Saint-Germain-des-Prés, The Poet (Le Poète), Luxembourg Gardens,
Return of the Prodigal Son (Le Retour du Fils Prodigue), 1,
place d'Italie; Birth of Forms(La Naissance des Formes), 232, boulevard Raspail

열다섯 살이던 어린 오십 자드킨Ossip Zadkine은 아버지의 뜻에 따라 영어를 배우기 위해 고향 비텝스크Vitebsk(오늘날의 벨로루시에 속하는 도시)를 떠나 잉글랜드 북동쪽 해안 도시로 갔습니다. 그는 곧 매우 보수적인 에드워드 시대의 잉글랜드가 자신의 취향에 맞지 않는다고 여기며 파리로 떠날 방법을 찾습니다.

드디어 1911년 스물세 살 자드킨은 예술가들의 거주지인 라 루쉬La Ruche◆로 이주했고, 이 국제적인 공동체에 동화됐죠. 오래지 않아 자드킨은 입체파 예술 운동에서 선구적인 인물 중 하나가 되는데, 그가 평생 제작한 조각과 그림에는 이러한 큐비즘의 영향이 남아 있습니다.

자드킨은 파리국립미술학교에 입학했지만 얼마 지나지 않아 자퇴했습니다. 대신 그는 피카소를 포함한 예술가 친구들로부터 훨씬 많은 것을 배웠죠. 자드킨과 피카소가 알게 된 시기에 피카소는 막 초기 입체주의 회화를 완성한 무렵이었습니다.

1920년대 초, 자드킨은 다른 미술 사조들과 전통을 공부하기 시작합니다. 고전 그리스 조각과 낭만주의(특히 로댕의 조각), 아프리카 미술 같은 것을 말이죠. 이들로부터 진화해, 그는 여전히 입체파의 스타일은 유지한 채 자신만의 독특한 스타일을 발전시켰습니다.

몽파르나스에 위치한 그의 집은 현재 박물관Musée Zadkine이 됐어요. 하지만 아름다운 그의 작품 중 여러 점은 박물관이 아닌 파리 곳곳에서도 볼 수 있답니다. 비둘기들이 머리 위에 자주 올라 앉아 반쯤 방치된 듯한 〈전령The Messenger〉은 앵발리드 다리Pont des Invalides 근처 센강변의 높은 곳에 놓여 있습니다.

이 작품의 원작은 1937년 국제박람회의 '이국적 목재 전시관Exotic Woods Pavillion'을 위해 나무로 조각됐는데, 청동 버전에서 그리 멀지 않은 곳에 있어요. 이 작품에서 전령이 팔에 안고 있는 배는 루테티아Lutetia(초창기 파리의 이름으로, 프랑스어로는 Lutéce입니다)의 상징입니다.

자드킨을 신화적으로 해석했다고 할 수 있는 〈프로메테우스Prometheus〉는 유명한 초현실주의자들의 집합소 카페 두 마고Les Deux Magots를 내려다보고 있지요. 이 작품은 그리스신화 속 인물 프로메테우스가 올림포스산에서 훔친 신성한 불꽃을 가슴 앞에 움켜쥐고 있는 순간을 묘사했습니다. 프로메테우스는 나중에 신들로부터 산 채로 독수리에게 영원히 간을 뜯어 먹히는 형벌을 받습니다.

자드킨이 친구인 초현실주의 시인 엘뤼아르Éluard에게 헌정한 작품은 뤽상부르 공원에 있습니다. '시인The Poet'이라는 제목이 붙은 이 조각의 남자는 온몸에 엘뤼아르의 시들이 새겨져 있어요. 자드킨의 다른 조각들은 이탈리아 광장Place d'Italie(〈돌아온 탕아Le Retour du Fils Prodigue〉)과 라스팔대로 Boulevard Raspail(《형태의 탄생 La Naissance des Formes》)에 가면 찾을 수 있

습니다. ※

◆ 파리 몽파르나스에 있는 3층 건물로 1900년대 초부터 현재까지 여러 예술가의 공동 거
주지이자 작업실로 쓰이고 있다.

PABLO PICASSO
Homage to Apollinaire

SQUARE LAURENT PRACHE • 1, PLACE SAINT-GERMAIN-DES-PRÉS • 6ᵉ

A
GVILLAVME
APOLLINAIRE

1880 - 1918

파블로 피카소, 〈아폴리네르에게 바치는 찬사〉, 1950년대

📍 로렝 프라쉐 공원, 생 제르망 드 프레 광장 1번지(6구)

우정에 바치는 피카소식 애도

Pablo Picasso, Homage to Apollinaire,
also called Head of a Woman(Tête de femme), (Dora Maar),
bronze, 1950s, Square Laurent Prache, 1,
place Saint-Germain-des-Prés(6th arrondissement)

피카소와 아폴리네르는 1900년대 초 몽마르트에 함께 있었습니다. '초현실주의'라는 용어를 처음 만들어낸 아폴리네르는 현대미술에서 피카소가 차지하는 중요성에 대한 많은 글을 썼죠. 두 사람은 정말 좋은 친구였습니다. 그러다 제1차 세계대전 중 관자놀이에 심각한 파편상을 입고 건강이 크게 나빠진 아폴리네르는 1918년 스페인 독감으로 세상을 떠났습니다.

1959년 피카소는 파리시로부터 생 제르망 드 프레 수도원 뒤에 세울 아폴리네르 추모 기념물을 제작해달라는 제안을 받았습니다. 이 추모 기념상은 북적이는 로렝 프라쉐 공원에 세워질 예정이었죠. 피카소는 1941년에 자신이 제작했던 조각을 청동으로 주조하기로 합니다. 이 조각의 청동 버전은 네 개가 더 만들어졌어요. 아무튼 이렇게 아폴리네르 기념물로 제막된 〈어느 여인(도라 마르)◆의 두상Head of a WomanDora Maar〉은 원래 피카소의 옛 연인 얼굴이랍니다. 지금은 공원 한 가운데 화단에 둘러싸인 기단 위에 놓여 있지요. 이 작품은 몸체와 얼굴이 변형, 왜곡돼 있는 일반적인 피카소의 인물상보다 전통적인 그리스로마 조각을 연상시킵니다. 또한 이 작품은 파리

에서 유일하게, 공공장소에 놓여 있는 피카소 작품이에요. 피카소 미술관을 제하고 말이죠. ✷

◆ 프랑스에서 활동했던 사진작가이자 화가. 피카소의 애인으로 그에게 사진 촬영 기법을 가르치기도 했으며 피카소와 만 레이의 여러 작품에 모델이었던 것으로 유명하다.

PAUL LANDOWSKI
Montaigne

SQUARE SAMUEL PATY • 56, RUE des ÉCOLES • 5ᵉ

폴 란도프스키, 〈몽테뉴〉, 1989

📍 폴 팡르베 공원, 팡르베 광장 6번지(5구)

소르본 학생들의
시험 부적

Paul Landowski, Montaigne, sculpted 1934, bronze cast, 1989,
Square Samuel Paty, 56, rue des École(5th arrondissement)

소르본의 학생들은 세계 어디에 내놓아도 뒤지지 않을 수재지만, 시험을 치를 때면 그들에게도 가끔은 약간의 행운이 필요하지요. 이 유명한 대학과 클뤼니 중세 박물관Cluny Museum of the Middle Ages을 마주하고 있는 폴 팡르베 공원에는 거의 백 년 된 행운의 부적이 하나 있습니다. 16세기 철학자이자 수필가 미셸 드 몽테뉴Michel de Montaigne 동상, 정확히 말하면 그 일부분입니다.

이 동상이 부적으로 적합할 수밖에 없는 이유는, 몽테뉴야말로 1500년대 이후로 여러 위대한 작가와 사상가들에게 지대한 영향을 끼친 인물이기 때문입니다. 오랜 세월 존경받아온 이 프랑스 르네상스 시대의 철학자는 현대에 수필로 알려진 짧은 글 형식을 개척한 사람이지요. 폴 란도프스키Paul Landowski가 조각한 이 석상에서 몽테뉴는 망토와 주름 칼라◆ 달린 옷을 입고 다리를 꼰 채 앉아 있습니다. 란도프스키(그의 가장 유명한 작품은 리우 데 자네이루Rio de Janeiro에 서 있는 두 팔 벌린 〈구세주 그리스도Christ the Redeemer〉입니다)의 몽테뉴는 1934년부터 이 자리에 앉아 있었답니다. 동상이 생긴 직후부터 소르본의 학생들은 시험 전 몽테뉴가 내민 발을 문지르기 시작했지요.

그러나 불행하게도 석상의 내구성은 그 인기를 감당하지 못했는지 학생들이 너무 문지른 탓에 몽테뉴의 발이 떨어져 나가고 맙니다(이건 불운의 징조일까요?). 게다가 이 석상은 1960년대 학생운동 시기에 반달리즘vandal-ism에 잦은 희생물이 됐습니다. 결국 1989년 이 석상의 청동 주조본을 제작해 원본을 대체하기로 합니다. 학생들은 재빨리 복제본을 받아들였고 발 문지르기도 계속됐죠. 하도 문질러서 몽테뉴 신발의 청동녹이 지금처럼 번쩍이는 금빛으로 닦였답니다.

비록 이 공원에서는 란도프스키의 〈몽테뉴〉가 가장 인기를 끌지만 이곳에는 다른 조각들도 여러 점 있어요. 1962년에 제작된 〈늑대 젖을 먹는 로물루스와 레무스The Capitoline Wolf suckling Romulus and Remus〉의 복제품을 포함해서 말이죠. �֎

◆ 16~17세기 유럽 상류층에서 유행하던 칼라. 목 주변을 둥글게 둘러싼 모양의 주름이 특징이다.

PAUL VANNIER
Steinlen Fountain

SQUARE JÖEL LE TAC • 6, PLACE CONSTANTIN PECQUER • 18ᵉ

폴 바니에르, 슈타인렌 분수, 1936

📍 조엘 르 탁 공원, 콘스탄틴 페퀴르 광장 6번지(18구)

100년 넘게
우리 곁에 머문 포스터

aul Vannier, Steinlen Fountain(Fontaine Steinlen), stone and bronze,
1936, Square Jöel Le Tac, 6,
place Constantin Pecqueur(18th arrondissement)

테오필 슈타인렌Théophile Steinlen이라는 이름은 모르시더라도 아마 여러분도 그의 가장 유명한 작품은 잘 아실 거예요. 어쩌면 그 작품이 담긴 우편엽서나 손가방, 티셔츠를 가지고 있거나, 혹은 복제품을 벽에 걸어두고 있을지도 모르죠. 슈타인렌의 그 유명한 작품은 바로 19세기 말에 제작된 카바레 르 샤 누아Le Chat Noir의 포스터입니다. 아르누보의 후광을 달고 있는 검은 고양이와 흥행사 로돌프 살리Rodolphe Salis의 나이트클럽이 곧 개업한다는 걸 알리는 멋들어진 글씨체의 문구가 담겨 있어요. 많은 사람이 이 포스터가 몽마르트의 밤 문화를 자주 묘사한 로트렉의 작품이라고 잘못 알고 있지요. 기본적으로 나이트클럽 홍보지인 이 포스터가 어떻게 현대 대중문화에서 점차 다양하게 확산될 수 있었는지 생각하면 재밌습니다. 원작을 재생산한 물품들은 파리의 선물가게부터 티제이 막스TJ Maxx◆에서 팔리는 장식용 금속 표지판까지 어디서나 찾아볼 수 있으니까요. 슈타인렌이 이 모습을 본다면 얼마나 좋아할까요!

슈타인렌은 1859년 스위스에서 태어나 1800년대 후반 아내와 함께 번성하던 몽마르트의 예술가들 공동체로 이주합니다. 그는 이곳의 예술가들에게 환영받았고, 삽화가로서 생산적인 경력을 쌓았죠. 그는 주로 자신이 좋아하는 대상들(몽마르트의 풍경이나 그의 딸 콜레트^{Colette}, 고양이 같은)을 아르누보 양식 이미지로 표현했습니다. 슈타인렌은 1896년 르 샤 누아의 포스터를 제작해달라고 주문받았는데, 자신의 이 작품이 100년도 넘게, 그리고 지금까지 계속, 전 세계에서 널리 쓰일 줄은 꿈에도 몰랐죠.

1923년 그가 세상을 떠났을 때, 슈타인렌은 몽마르트에서 친절하고 너그러운 이웃으로 알려져 있었습니다. 많은 사람이 그를 그리워했기에, 몽마르트의 지역구는 13년 뒤 조각가 폴 바르니에^{Paul Vannier}에게 조엘 르 탁 공원에 세울 슈타인렌 기념물을 제작해달라고 의뢰합니다. 이 조용한 공원은 슈타인렌이 생전에 좋아했던 곳으로, 그와 가족이 살았던 쿨랭코르가^{Rue Caulaincourt} 73번지 집에서 길을 따라 내려가면 있어요. 전쟁 추모비들을 주로 맡아왔던 지역 예술가 바르니에는 영원히 포옹하고 있는 슈타인렌과 그의 아내 석상을 조각했습니다. 이 석상은 사자 분수가 달린 기단 위에 서 있는데 기단 양 옆으로 아이들, 여성들, 군인들이 새겨진 청동 저부조가 붙어 있습니다. 이 청동 저부조는 독일군이 파리를 점령하고 있던 1942년에 징발해 녹여 없어졌지만, 1962년 다시 제작해 현재처럼 복원됐다고 합니다. ✳

◆ 미국의 대형 할인품목 전문점 체인. 영국을 비롯해 유럽 일부 국가에서는 'TK Maxx'로 불린다.

POL BURY
The Fountain of Spheres
8, RUE de MONTPENSIER • 1ᵉ

폴 베리, 〈구체들의 분수〉, 1985

📍 몽펜시에르가 8번지(1구)

역사와
현대미술의 만남

Pol Bury, The Fountain of Spheres(La Fontaine des Sphères), 1985, 8, rue de Montpensier(1st arrondissement)

팔레 루아얄 중심부 회랑의 열주들 너머에는 주변의 역사적 건축물과 잘 어울리는, 초현실주의 분수 두 개가 있답니다. 폴 베리Pol Bury의 움직이는 조각 분수인 〈구체들의 분수The Fountain of Spheres〉는 두 부분으로 나뉘어 있는데, 각각 오를레앙 중정Court of Orleans의 양 끝에 자리하고 있습니다. 각 분수에서는 구체 거울들이 흐르는 물의 리듬에 따라 부드럽게 흔들리거나 돌면서 질서와 퇴폐, 추문의 역사가 가득한 이곳에 고요한 명상의 순간을 조성합니다.

베리는 자신이 우상으로 여겼던 르네 마그리트René Magritte처럼 벨기에 태생입니다. 1928년 베리가 여섯 살이던 해에 마그리트는 연작 회화 〈공간의 소리The Voice of Space〉를 그리기 시작합니다. 지름 둘레로 양분돼 있는 일단의 빛나는 은색 구체들이 기괴한 우주선처럼 지평선 위에 떠 있는 그림이죠. 어린 베리는 이 작품에 크게 영향을 받아 십 대에 마그리트의 초현실주의 회화들을 따라 그리기 시작합니다. 조각가 칼더Calder를 만난 후, 베리는 조각으로 전향해 자신의 초현실주의 형체들을 3차원으로 구현합니다. 베리는 여기에다가 움직임에 대해 갖고 있던 관심을 새로운 요소로 더해 작품 속에 모터를 숨겨 넣어 조각의 부분들이 살아 있는 것처럼 움직이도록 제작하기 시작했지요.

베리는 부렌(그의 줄무늬 기둥들은 바로 회랑 너머에 있어요)과 함께 1985년 팔레 루아얄에 설치할 작품 제작을 주문받았습니다. 베리의 구체들을 기존에 있던 두 분수 안에 설치했지요. 번쩍거릴 정도로 광택이 나는 그의 구체들은 궁전 건물, 근처 정원, 하늘, 방문객 무리 등 주변의 다양한 풍광들을 수시로 바꾸어 비추면서 어안렌즈의 상처럼 보이도록 합니다. 분수 안에 있는 구체들은 때때로 흐르는 물과 함께 움직이며 실제라고 착각할 만큼 보는 사람의 현실 감각을 미세하게 왜곡시키죠. 이런 점은 초현실주의자들이 진심으로 뿌듯해할 만한 부분이랍니다. 베리의 분수야말로 현대미술과 역사적인 건축물이 흥미로운 조화를 이룬 모습이죠.

팔레 루아얄은 오랫동안 다양한 목적으로 쓰여왔습니다. 왕궁이었다가 상점가로 쓰였고, 한때 도박과 매춘의 중심지였으며 오페라하우스, 극장, 정부 관청이기도 했지요. 현재 중정은 대중에게 개방된 공원입니다. ❈

SALVADOR DALÍ
Sundial
27 RUE SAINT- JACQUES • 5ᵉ

살바도르 달리, 〈해시계〉. 1977

📍 생 자크가 27번지(5구)

움직이지 않는
시계

Salvador Dalí, Sundial(Cadran Solaire de Dali), 1966, 27,
rue Saint-Jacques(5th arrondissement)

트럭 한 대가 다가오자 13세기에 지어진 교회에서 관악단이 시끄럽게 음악을 연주합니다. 높이 올라간 트럭에 달린 크레인의 들통에는 달리와 그의 반려견 오셀로Ocelot가 타고 있는데, 그들은 환호하는 군중들을 내려다보고 있지요. 다소 초현실주의적인 이 장면은 1966년 달리의 〈해시계Sundial〉를 생 자크가 27번지의 벽에 설치하던 날 실제로 일어난 일입니다. 〈해시계〉의 조가비 같은 얼굴은 깊은 푸른색 눈을 지녔고 눈썹에서는 불꽃이 타오르지요. 조가비 모양의 얼굴은 조개껍데기를 달고 이 길을 지나 산티아고(프랑스어로는 생 자크Saint Jacques) 데 콤포스텔라Santiago de Compostela로 향하던 옛 성지 순례자들을 기리는 의미랍니다. 불꽃이 타오르는 눈썹은 그들의 고된 여행을 상징한다고 해요. 달리의 것과 닮은 꼬부라진 콧수염도 조가비 얼굴의 뺨 아래, 그러니까 오른쪽 아래 구석에 있는 작가 자신의 서명 옆에서 발견할 수 있지요.

진정한 초현실주의자답게, 달리는 이 〈해시계〉가 제대로 기능하도록 하지는 않았습니다. 그저 파리시에 증정하는 장식용 선물이었을 뿐이죠. 일설에는 그가 해시계 바로 아래에 있는 가게 주인의 친구였다고 하네요. 이 해시계는 부산한 생 자크 거리를 따라 걷다 보면 그냥 지나치기 쉽습니다. 그러니 위를 올려다보는 걸 잊지 마세요! ※

4장

역사 속에
흠뻑 빠지기·

파리는 과거와 현재 사이에 발 딛고 있는 현대적인 도시입니다.
지난 시대의 흔적들이 오래도록 살아남아 파리의 주민과 방문객들에게
이 도시의 풍부한 역사와 과거의 유령들까지 일깨워주지요.
반고흐에게 재료들을 제공해주던 미술 용품 가게는
아직도 오늘날의 예술가들에게 물감을 팔고 있답니다.
20세기 초 유행하던 아르누보 운동의 소용돌이치는 곡선들은
도시 곳곳의 건물 전면에 여전히 남아 있습니다.
심지어 1871년 파리코뮌에 의해 불타 없어진 17세기 시청사 건물의 잔해도
새 삶을 찾아 조용한 조각 공원에 놓여 있어요.
베이커의 유령은 그가 바나나 치마^{banana skirt}를 입고
춤추던 아르 데코 극장에, 해링의 유령은 파리에서 제일 오래된 공원 중
한 곳에서 걸어 다닌다고 합니다.
여전히 생생하게 살아 있는 파리의 흥미로운 과거는
언제나 여러분이 경험하기를 기다리고 있어요.

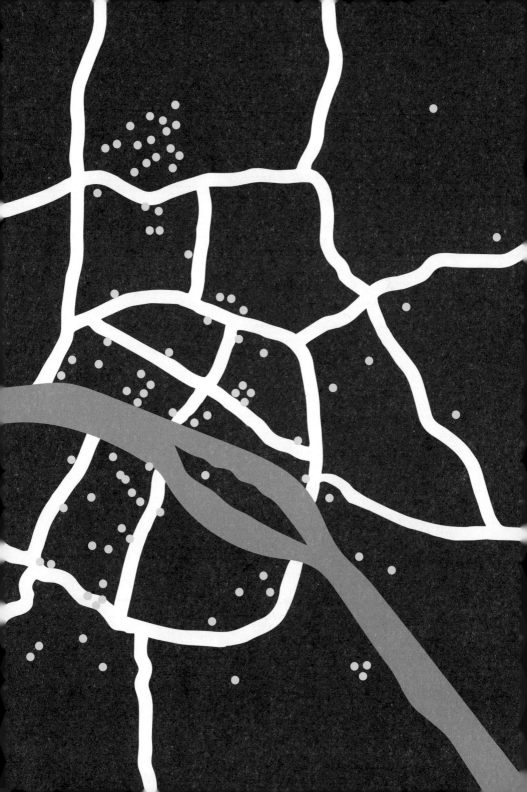

아르누보

📍 파리 여러 곳

짧은 유행, 긴 역사

Castel Béranger, 14, rue Jean de la Fontaine(16th arrondissement), Cravan, 17,
rue Jean de la Fontaine(16th arrondissement), Lavirotte Building, 29, avenue Rapp,
7th arrondissement, Bouillon Julien, 16,
rue du Faubourg Saint-Denis(10th arrondissement),
Beefbar(formerly La Fermette Marbeuf), 5, rue Marbeuf(8th arrondissement)

아르누보 운동은 1890년대부터 1910년대까지 유럽 전역을 휩쓸며 현대 장식 예술에 많은 흔적을 남겼습니다. 식물·꽃·벌레 같은 자연에서 영감받아 창조된 아르누보의 물결치는 듯한 곡선과 형태는 도자기·유리·귀금속·건물 등 일상 속 모든 사물에 적용됐지요. 당시 프랑스에서 활동했던 모든 예술과 디자인 분야의 선도적 작가들은 이 육감적인 유행에 뛰어들었습니다. 건축가 엑토르 귀마르Hector Guimard, 유리공예가 루이스 컴포트 티파니Louis Comfort Tiffany와 르네 라리크René Lalique, 화가 알폰스 무하Alphonse Mucha, 가구 디자이너 루이 마조렐Louis Majorelle 등이 아르누보가 파리의 도시 전경 속에 자리 잡는 데 중요한 역할을 했던 인물입니다.

아르누보의 유기체적인 형태는 19세기 대부분을 지배했던 고전적인 순수미술 양식에 대한 반발로 등장했습니다. 위에서 언급한 디자이너·화가·건축가들이 아르누보가 득세했던 짧은 20년 동안 파리 안팎에서 뚜렷한 족적을 남겼지요. 아름다운 지하철 표지판 디자인이 귀마르가 남긴 가장 잘 알려진 아르누보 시대의 상징물이지만, 그는 파리의 건축에도 분명한 흔적을 남겼습니다. 파리에 남아 있는 그의 가장 유명한 건물은 카스텔 베랑제르Castel Béranger예요. 이 건물은 크라반Cravan이라는 이름의 칵테일 바(카페를 포함해 드 라 퐁탕가를 따라 그가 지은 다른 건물들)로부터 그리 멀지 않은 곳에 있어요. 당시 건축가들은 건물에 자신의 서명을 남겼는데, 귀마르의 이름은 쭉 이어진 아르누보 건물들의 여러 외벽에서 찾아볼 수 있습니다.

파리의 아르누보 디자인 중 사진에 가장 많이 찍힌 작품은 아마 라비로트Lavirotte 빌딩의 문일 겁니다. 쥘 라비로트Jules Lavirotte가 1901년에 지은 이 건물은 알렉상드르 비고Alexandre Bigot의 조각과 세라믹 타일들로 꾸며져 있지요. 이 유명한 문에는 잠자리 눈처럼 생긴 목각 창이 달려 있고, 돌로 된 문틀에는 아담과 이브를 뱀처럼 휘감은 식물 문양들이 뒤섞여 있어 마치 진귀한 보석 같답니다. 문 위에는 여우 목도리를 두른 여인의 흉상도 있는데, 라비로트의 아내 얼굴이라고 하네요.

19~20세기 전환기에는 카페 인테리어도 아르누보의 성소였습니다. 그중에는 오늘날까지 보전돼 있는 곳도 많아요. 새롭게 복원된 카페-레스토랑 뷔용 줄리앙Bouillon Julien은 안팎으로 아르누보가 넘쳐 흐르죠. 화가 루이 에두아르 푸르니에Louis Édouard Fournier의 감독 아래 당대의 내로라하는 장인들이 작업한 덕분입니다. 게다가 이 카페에는 고전적이면서도 부담스럽지 않은 가격의 메뉴도 있답니다. 이 카페의 멋진 마호가니바는 마조렐이 만들었고 꽃무늬 바닥 타일은 이폴리트 불렝제르Hippolyte Boulenger의 작품이죠. 판넬 벽화 중 화려하게 채색된 공작은 아르망 세고Armand Ségaud가, 장식 프레임으로 감싼 여성 인물들은 루이 트레젤Louis Trézel이 그렸습니다. 동굴 같은 다이닝룸에는 화가 베르나르 뷔페Bernard Buffet의 아버지인 샤

를 Charles이 디자인한 스테인드글라스 천장도 있네요. 하지만 전형적인 파리의 뷔용 레스토랑bouillon restaurant◆이 그렇듯이 테이블이 너무 빽빽하게 놓여 있는 게 흠입니다.

1910년대에 이르면 아르누보는 크게 인기를 잃어 철 지난 싸구려로 취급받기 시작합니다. 특히 쌈박한 아르 데코가 부상하면서부터 그렇지요. 이때 많은 아르누보 인테리어들이 [가벽이나 덧칠 등으로] 가려지고, 보다 현대적인 디자인에 자리를 내주었지만 추후 복원됐습니다. 그런 사례 중 하나가 섬세한 라 페르메트 마르베프La Fermette Marbeuf(지금은 비프바Beefbar로 불려요)의 인테리어입니다. 1898년 문을 연 이 식당에는 건축가 에밀 위르트레Émile Hurtré가 설계한 넓은 벨 에포크 스타일의 만찬('1900년 실'이라 불리는 유리벽과 천장으로 덮인 겨울 정원 온실)이 있는데, 위베르Hubert, 마르티노Martineau라는 공예가들의 그림과 쥘 빌오르스키Jules Wielhorski의 타일들로 장식돼 있어요. 이 방의 인테리어는 1920년경에 가려져 까맣게 잊혔다가 1978년 리모델링 중 발견돼 원래 모습으로 복원됐습니다.

아르누보의 유행은 짧았지만 그 아름다움은 시대를 초월해 지속됐지요. [파리 곳곳에서] 아르누보 요소들을 발견하는 일은 마치 눈 호강을 보상 삼아 고급스러운 보물을 찾아다니는 보물찾기 같답니다. ❊

◆ '뷔용'은 원래 프랑스어로 수프를 뜻한다. 뷔용 레스토랑은 대개 프랑스식(보통 수프가 포함된다)을 전문으로 하는 식당이며, 양질의 식사를 비교적 저렴한 가격에 제공하는 것이 특징이다.

FOLIES BERGÈRE

32, RUE RICHER • 9ᵉ

폴리 베르제르

📍 리쉐르가 32번지(9구)

세상에서
가장 유명한 음악홀

Folies Bergère, 32,
rue Richer(9th arrondissement)

폴리 베르제르는 "세상에서 가장 유명한 음악홀"로 알려진 곳으로, 지난 150년 동안 그 명성에 부응해왔습니다. 1869년 문을 연 이곳은(처음 3년간은 폴리 트레비스Folies Trévise였습니다) 섬세한 의상, 훌륭한 무대장치와 효과, 스타급 공연자들과 거의 벌거벗다시피 한(종종 정말로 나체인) 무용수들 덕분에 1890년대부터 1920년대까지 카바레 문화의 중심지로 군림했습니다. 아르누보 댄서 로이 풀러Loie Fuller가 여기서 불춤Fire Dance을 추었고, 조세핀 베이커는 바나나 치마로 선풍적인 반향을 일으켰죠. 그 밖에 수없이 많은 다른 스타들이 이곳을 카바레의 대표 명소로 만드는 데 일조했습니다.

예술가들도 유흥을 위해, 또한 작품에 영감을 얻기 위해 이곳으로 모여들었어요. 마네는 1882년에 그린 그의 마지막 대표작에서 이 카바레의 (아마도 화류계 여성인 것 같은) 바텐더 한 사람을 묘사해 그 모습을 예술사에 영원히 남겼지요. 〈폴리 베르제르의 바A Bar at the Folies Bergère〉에서 여성 바텐더는 거울을 등지고 바 앞에 서서 관찰자와 시선을 마주하고 있는데, 거울 속 그 뒷모습이 비스듬한 각도에서 비친 것이라 한 세기 넘도록 미스터리로 남았답니다. 로트렉은 폴리를 배경으로, 혹은 폴리에서 영감받아 수많은 작품을 그렸지요. 왕성한 벨 에포크 포스터 디자이너였던 화가 쥘 세레Jules Chéret와 아르 데코의 대가 에르테Erté도 마찬가지고요.

오늘날에도 폴리 베르제르의 공연에는 여전히 많은 관람객이 찾아옵니다. 1930년 모리스 피코Maurice Picaud(일명 피코)가 제작한 커다란 아르 데코 박공이 인상적인 공연장의 넓은 입구는 프랑스 문화생활의 상징 중 하나로 자리했죠. 박공의 금박 입힌 저부조는 러시아 댄서 릴라 니콜스카Lila Nikolska를 모델로 삼아 서펀타인 댄스serpentine dance◆를 추는 장면을 묘사했는데, 무용수가 물결치듯 퍼져 있는 풍성한 옷 주름을 배경으로 천과 뒤엉켜 몸을 비틀고 있는 모습입니다. 오랜 세월 이 부조를 덮고 있던 묵은 때와 오염물은 2013년에 깨끗이 제거해서 현재는 한 블록 떨어진 곳에서도 눈에 뜨일 만큼 금빛으로 번쩍거린 답니다. 오늘날 폴리는 콘서트, 카바레 쇼, 각종 공연을 무대에 올리고 있어요. ❋

◆ 1890년대 서양에서 유행하던 춤으로 긴 자락을 마구 휘저으며 펄럭이는 것이 특징이다. 카바레 같은 유흥업소 무대에서 유행하던, 여성 무용수의 하체를 고의로 노출하는 벌레스크 댄스의 일종

HENRI ALFRED JACQUEMART
The Palm Fountain
PLACE du CHÂTELET • 1ᵉ

앙리 알프레드 자크마르, 야자나무 분수

📍 샤틀레 광장(1구)

이집트 애호의
흔적들

Henri Alfred Jacquemart, The Palm Fountain(Fontaine du Palmier),
place du Châtelet(1st arrondissement)

콩코르드 광장Place de la Concorde에 간다면 3,000년 된 룩소르 오벨리스크Luxor Obelisk부터 1988년 완공된 아이 엠 페이I. M. Pei의 루브르 유리 피라미드까지, 파리 전역에서 이집트 요소의 장식을 발견할 수 있습니다. 유럽 어느 나라에서든 고대 이집트 문화에 대한 애호를 찾아볼 수 있는데, 파리에 있는 이집트풍 복원 장식이나 건축물들 대부분은 프랑스의 식민주의에서 기원한 것입니다. 특히 영국군을 몰아내고 프랑스의 세력을 확립하려던 나폴레옹 보나파르트의 실패한 이집트 원정(1798~1799)으로부터 말이죠. 나폴레옹의 이 군사 작전은 수천 명의 프랑스 군인과 이집트 민간인의 목숨을 앗아갔을 뿐 아니라 고서적, 미술품, 로제타석Rosetta Stone 같은 수많은 귀중한 이집트 유물을 약탈해왔지요. 프랑스인들은 이렇게 약탈해온 문화재를 지속적으로 연구·모방해 집착이라고 할 만한 문화적 유행을 낳았습니다. 프랑스인들은 이전에는 무지했던 이 고대 문명의 풍부한 역사와 시각 문화를 열렬히 수용해 파리 건물의 외벽을 연꽃·풍뎅이·스핑크스와 이집트의 신들로 장식했지요.

이러한 이집트 애호Egyptomania의 흔적이자 나폴레옹이 남긴 끝없는 자화자찬의 기념물 중 하나가 샤틀레 광장에 아직도 서 있습니다. 야자수 잎 장식들이 달려 있어 〈야자나무 분수The Palm Fountain〉라고 불리는 이 작품은 1806년 에마뉘엘 크레테Emmanuel Cretet가 나폴레옹의 이집트 원정을 기념하고 파리 시민들에게 깨끗한 식수를 제공하기 위해 그렸습니다. 높은 로마식 기둥의 기단부에는 나폴레옹 황제의 전투 장면(피라미드전투를 포함해)이 묘사돼 있고 프랑수아 장 브랄François Jean Bralle이 제작한 승리의 여신상의 복제본이 함께 서 있지요. 유럽은 1850년대까지도 여전히 이집트에 사로잡혀 있었기 때문에, 1858년 샤틀레 광장을 확장할 때도 나폴레옹의 조카인 루이 나폴레옹(나폴레옹3세)은 조각가 앙리 알프레드 자크마르Henri Alfred Jacquemart에게 이 분수의 아래 부분에 물 뿜는 스핑크스상 네 개를 추가해달라고 주문합니다.

파리의 이집트 애호를 보여주는 다른 예들은 도시 전역의 건물들에서 찾아볼 수 있지만, 이 분수야말로 아마 가장 많은 사람이 방문한 작품일 겁니다. 분주한 샤틀레의 중심지와 가까워서만이 아니라 나폴레옹 치세에 제작된 현존하는 가장 큰 분수이기 때문이죠. ※

HOUSE of the DOVES
4, RUE de la COLOMBE • 4ᵉ

비둘기의 집

📍 콜롬브가 4번지[4구]

금슬 좋은 비둘기 한 쌍이
날아오르는 곳

House of the Doves(Maison de la Colombe), 4,
rue de la Colombe(4th arrondissement)

시테섬Île de la Cité의 오래된 거리에 위치한 어느 건물 문 위에는 비둘기 한 쌍이 영원히 포옹한 채로 새겨져 있습니다. 언뜻 보기에 이 부조는 비둘기라는 거리 이름에 어울리게 새겨 넣은 단순한 건축적 장식인 듯합니다. 그러나 익명의 작가가 조각한, 비둘기 한 쌍이 있는 건물 구석에 새겨진 세 번째 비둘기는 깊은 사연을 간직하고 있어요. 이 비둘기들은 거의 천 년 가까이 된, 파리가 루테티아Lutetia라 불리던 시대부터 전해오는 중세 어느 사랑 이야기를 상징하는 것이자 그에 대한 헌사이기도 합니다.

돌이 깔린 비좁은 콜롬브가는 루테티아를 둘러싸고 있던 로마시대 성벽(서기 276년에 건축)을 따라 1200년대에 만들어졌습니다. 당시 파리는 누추하고 조화롭지 못한 건물로 가득했던, 지금보다 훨씬 조용하고 수수한 곳이었지만 그 나름대로 매력이 있었죠.

비둘기의 집House of the Doves은 수 세기 동안 여러 번 주인이 바뀌긴 했지만 16세기부터 계속 레스토랑으로 이어져왔습니다. 비둘기의 집이라는 건물 이름의 유래는 15세기의 어느 필사본에 담긴 이야기에서 찾을 수 있어요. 그 내용은 이렇습니다. 노트르담 성당의 가고일gargoyle◆ 장식을 제작하기 위해 브르타뉴Brittany 출신의 어느 조각가가 이 작은 거리에 옵니다. 그는 길들인 비둘기 한 쌍을 키우며 혼자 살았죠. 어느 날 성당 건축 공사 중 시테섬의 기반암이 손상됐고, 이 때문에 불운하게도 조각가의 집이 무너지고 맙니다. 집이 무너질 때 비둘기들이 안에 있었는데, 수컷 비둘기는 빠져나올 수 있었지만 암컷은 안에 갇혀 버렸죠. 수컷 비둘기는 그때부터 매일 잔해 속에 갇힌 짝에게 씨앗 등 먹을 것을 물어다 주었습니다. 결국 이웃들이 그 사실을 알아챘고, 잔해를 치워 암컷 비둘기를 꺼내주었죠. 재회한 비둘기 커플은 해질녘 파리의 하늘 위로 높이 날아올랐답니다.

1953년, 뉴욕 칼라일Carlyle 호텔의 벽화와 저서 '매들린 시리즈Made-line books'로 잘 알려진 루트비히 베멜만스Ludwig Bemelmans가 이 건물을 사들였습니다. 식당을 인수하고 그 위층에 자신의 작업실을 꾸릴 계획으로 말이죠. 그는 내부에 인테리어로 벽화 여러 점을 그렸지만 늘어나는 수리 비용을 더 이상 감당하지 못해 몇 달 뒤 이 건물을 팔 수밖에 없었습니다. 새 건물주 미셸 발레트Michel Valette는 1985년 건물을 되팔 때까지 베멜만스의 벽화들을 그대로 유지했어요. 그 뒤 이 벽화들은 사라진 듯했으나 그 가운데 여러 점이 2012년 어느 경매에 매물로 등장했습니다. 그리고 현재는 미국 로드아일랜드Rhode Island주 워치 힐Watch Hill에 있는 오션하우스 호텔에 설치돼 있답니다. ✶

◆ 중세 유럽의 교회 건물의 외벽에 새겨진 상상 속 괴물 석상. 악령을 쫓기 위한 용도의 장식적 구조물이었으나 차츰 빗물 배수를 위한 홈통 같은 실용적 기능도 추가됐다.

MARC CHAGALL
Palais Garnier Fresco
PLACE de l'OPÉRA • 9ᵉ

마르크 샤갈, 오페라 가르니에의 프레스코화, 1964

📍 오페라 광장(9구)

사랑하는 파리에 남긴
천장화

Marc Chagall, Palais Garnier Fresco, 1964,
place de l'Opéra(9th arrondissement)

설계자인 건축가 샤를 가르니에Charles Garnier의 이름을 따 명명된 가르니에 오페라 극장은 나폴레옹3세의 명에 따라 건축을 시작해 1875년에 개장했습니다. 세계에서 가장 유명한 오페라 극장 중 하나인 이 건물은 과도한 장식과 다양한 양식이 혼합된 것이 특징인 프랑스 제2제정 시대 스타일로 설계됐어요. 바로크·르네상스 건축은 물론이고 과장된 고전적 퇴폐주의의 요소까지 뒤섞여 있지요. 그야말로 건물 안팎으로 조각, 금박, 크리스탈과 온갖 화려한 장식들이 흘러넘칩니다. 20세기 들어 르 코르뷔지에Le Corbusier가 너무 시대에 뒤떨어진 스타일이라고 비판했을 정도로 오페라 가르니에Palais Garnier는 구시대적 화려함을 지닌 신전과도 같은 건축물입니다.

오페라 가르니에가 처음 문을 열었을 때는 공연장의 돔 천장에 쥘 외젠 드느부Jules Eugène Lenepveu가 그린 고전적인 그림이 있었습니다. 천사들과 천상 세계를 그린 네오 바로크 양식의 작품이었죠. 하지만 1964년에 천장화가 바뀝니다.

1960년대 초, 프랑스 문화부 장관 앙드레 말로는 색채의 거장 마르크 샤갈Marc Chagall에게 새로운 돔 천장화를 그려달라고 요청했습니다. 샤갈은 당시 러시아 제국이던(현재는 벨로루시Belarus의 도시인) 비쳅스크에서 태어났지만, 생애 대부분을 프랑스에서 보내 프랑스 국민이 돼 있었습니다. 그럼에도 말로가 샤갈을 선택한 일은 프랑스의 일부 보수적인 인사들의 심기를 건드렸지요. 그들은 샤갈이 프랑스와 예술사에 오래 기여했음에도 '외국인'이 프랑스의 문화유산을 바꿀 수는 없다며 반대했답니다.

당시 77세였던 샤갈은 이러한 비판에 아랑곳하지 않은 채 장관의 요청을 받아들였고, 1년 가까이 작업한 끝에 223㎡에 이르는 거대한 걸작을 완성합니다. 그렇게 탄생한 샤갈의 프레스코화는 천상으로 휘감겨 올라가는 듯한 원숙한 색채들 속에 날개 달린 피조물들과 다양한 악기, 파리의 친숙한 건물과 기념물을 담았을 뿐 아니라 샤갈 자신이 좋아하는 작곡가들(모짜르트, 비제, 베르디, 바그너)의 오페라 속 장면들을 묘사합니다. 샤갈은 작업을 끝낸 후 작업비를 거절했답니다. 자신이 사랑하는 프랑스에 이 작품을 무료로 선사한 것이지요. 1964년 샤갈의 천장화가 공개됐을 때 비평가들은 각기 다른 의견을 냈지만, 오늘날에는 매년 100만 명에 달하는 사람들이 이 작품을 보러 옵니다.

샤갈의 천장화는 가르니에 극장에서 공연을 관람할 때나 공연이 없는 휴식 시즌에 별도로 진행하는 오페라하우스 투어에 참여해 볼 수 있어요. ✖

PÈRE TANGUY
Art Supplies to the Impressionists
14, RUE CLAUZEL • 9ᵉ

페르 탕기, 인상주의자들의 미술용품점

📍 클로젤가 14번지(9구)

예술가들의
아버지

Père Tanguy art supplies to the Impressionists, 14,
rue Clauzel(9th arrondissement)

1880년대 파리의 예술가들은 미술 용품이 필요할 때면 한 사람을 찾아갔죠. 바로 줄리앙 프랑수아 탕기|Julien Francçois Tanguy입니다. 탕기는 자신의 단촐한 가게에서 파리의 왕성한 젊은 인상주의 예술가들에게 붓·물감·캔버스 등을 팔았어요. 매우 친절한 성품을 지닌 그는 모네, 카미유 피사로Camille Pissarro, 세잔, 로트렉, 르누아르 같은 고객들 사이에 페르 탕기Père Tanguy, 즉 탕기 아버지라는 별명으로 불렸습니다. 반고흐는 탕기를 너무 좋아해 그의 초상화를 그려주었는데 나중에 로댕이 이 초상화를 구매합니다. 그래서 지금은 로댕 박물관의 영구 소장품 중 하나가 됐지요.

탕기의 가게는 또한 인상주의 화가들의 작품과 일본 판화들을 전시하는 작은 갤러리 역할도 했습니다. 우키요에Ukiyo-e라 불린 이 판화들은 가게를 찾아오는 그의 단골 화가들에게도 영향을 주지요. 세월이 흘러 주인은 바뀌었지만 이 가게는 아직도 많은 예술가에게 미술 용품을 공급하고 있답니다. ※

PLACE du TERTRE
18ᵉ ARRONDISSEMENT

테르트르 광장

📍 몽마르트(18구)

19세기 말부터 이어져 온
예술가들의 광장

Place du Tertre(18th arrondissement)

대부분 사람에게 테르트르 광장은 사크레 쾨르Sacré Coeur 성당 아래 분주한 레스토랑들이 있고 고객을 찾는 거리의 화가들의 이젤이 줄지어 늘어서 있는 관광의 중심지 중 한 곳으로 알려져 있습니다. 사실 이 화가들은 이곳의 전통을 이어가는 사람들이랍니다. 벨 에포크 시대에는 그들의 선배 예술가들이 19세기 말 이곳에 정착해 생활하며 화방을 운영했고요.

테르트르 광장이 몽마르트 예술 생활의 중심이었을 때, 이 주변에는 저렴한 와인을 파는 카페와 활기찬 카바레가 많았습니다. 예술과 유흥의 공존, 다시 말해 당시 예술가들이 좋아했던 조합이었지요. 언제든 르누아르, 발라동과 그 아들 모리스 위트릴로, 로트렉, 반고흐, 그리고 바토라부아Ba-teau-Lavoir◆에 살았던 후대 예술가들을 이 광장에서 만날 수 있었습니다. 그들은 대개 작업 중간에 카페에서 친구들과 식사하거나 지나가는 사람들에게 자신들의 그림을 판매하는 모습이었어요. 테르트르 광장은 1800년대 후반부터 1900년대 초까지 항상 예술적 창의성이 넘치는 곳이었지요.

당시 예술가들이 남긴 영향력은 테르트르 광장에 오래 지속됐습니다.

세월이 흐르면서 주변 지역은 바뀌었지만, 현역 예술가들은 계속 남았죠. 방문객들은 매일같이 이 광장에서 화가, 초상 화가, 캐리커처 아티스트, 실루엣 아티스트 등 손님을 기다리는 한 무리의 예술가들과 그들이 세워놓은 이젤을 봤습니다. 몽마르트 주민센터에는 이곳에서 영업하는 예술가들이 거의 300명이나 등록돼 있습니다. 등록된 예술가들은 한 주의 절반을 광장에서 각각 1m²씩의 공간을 차지하고 일하는데(따라서 매일 최대 150명의 예술가들이 테르트르에 나와 일하는 것이죠), 영업 허가를 받으면 연간 약 550유로의 등록비를 내야 합니다. 등록비가 꽤 비싸 보이지만 놀랍게도 예술가들이 테르트르 광장에서 영업 허가를 받기 위해 대기자 명단에 올려 기다리는 기간이 평균 10년이라고 하네요! 게다가 대기자 명단에 들어가려면 지원자들은 자신의 포트폴리오를 제출한 후 심사에 통과해야 합니다. 광장에서 영업하는 예술가들의 작품 가격은 25유로부터 수백 유로까지 자유롭게 책정할 수 있습니다. 2018년 한 해 방문자만 해도 2,400만 명이라니, 테르트르 광장에서 팔리는 그림들은 굉장히 많은 돈을 벌어들이고 있을 거예요. ※

◆ 몽마르트의 라비냥가Rue Ravignan 13번지에 있던 건물의 별명('세탁선'이라는 뜻)으로 19세기 말부터 많은 예술가가 이 건물에 세 들어 살거나 작업실을 두었다.

PLACE VENDÔME
1e ARRONDISSEMENT

방돔 광장

📍 1구

전쟁과 독재의 상징에서
패션의 중심지로

Place Vendôme,
??(1st arrondissement)

세상의 다른 많은 기념물처럼, 방돔 광장도 처음에는 특정 인물의 전승을 기리기 위해 조성된 공간이었습니다. 팔각형의 이 그림 같은 광장은 1702년 태양왕 루이14세가 유럽에서 가장 오래된 광장인 보주Vosges(그의 선왕인 루이13세의 석상이 이곳에 있죠)에 비견할 만한 공간을 조성하기 위해 제작했답니다. 루이14세는 건축가 쥘 아르두앵 만사르Jules Hardouin Mansart를 고용해 똑같이 생긴 건물들로 광장을 둘러싸도록 설계해달라고 했습니다. 이 광장의 이름은 루이14세의 변덕에 따라 여러 번 이름이 바뀌었죠. 왕의 군대가 잘 나갔을 때는 '정복 광장Conquests Square'이라고 불렀다가 군대의 활약이 시들해지자 일종의 선전 효과를 위해 '루이 대왕 광장Louis the Great Square'으로 개명합니다. 최종적으로 '방돔 광장'이라는 이름으로 확정됐지요. 과거 이 광장 자리에 방돔 공작의 궁이 있었기 때문에 그를 기리는 뜻에서 선택한 적절한 이름입니다.

1800년대 초, 나폴레옹은 방돔 광장을 자신을 찬양하는 공간으로 활용합니다. 나폴레옹은 1810년 자신의 아우스테를리츠 승전을 기념해 적군으로부터 노획한 대포들을 녹여 만든 청동 기둥을 광장에 세웠습니다. 피에르 노라스크 베르제레Pierre Nolasque Bergeret가 고안한 이 기둥에는 꼭대기에 월계관을 쓴 나폴레옹의 청동상이 서 있었죠.

1871년 파리코뮌 시기에 코뮌 위원이자 예술가협의회 의장이었던 귀스타브 쿠르베Gustave Courbet는 전쟁과 독재의 상징인 이 기둥을 철거해 앵발리드des Invalides에 보관하자고 제안했습니다. 그의 제안이 채택되지는 않았지만 파리코뮌은 투표를 통해 기둥을 철거하고 이를 청동판으로 분해해 창고에 넣어두기로 결정했어요. 파리코뮌이 무너진 후, 제3공화국 대통령 아돌프 티에르Adolphe Thiers는 방돔 기둥을 다시 세우고 꼭대기에 있던 나폴레옹 동상도 다시 제작해 올리라고 명합니다. 대통령은 또한 기둥 철거를 제일 처음 제안한 쿠르베를 처벌하기로 하고 그에게 재건축 비용 32만 3,000프랑을 벌금으로 부과했습니다. 그렇게 큰돈을 낼 능력이 없었던 쿠르베는 스위스로 망명할 수밖에 없었죠. 프랑스 정부는 쿠르베의 남은 그림들을 몰수해 시세보다 낮은 값에 처분했고, 그렇게 마련된 비용은 방돔 기둥을 복원하는 데 사용했습니다. 쿠르베는 프랑스로 돌아오지 못한 채 1877년 스위스에서 세상을 떠났죠.

방돔 광장은 20세기 들어 패션의 도시 파리의 중심지가 됩니다. 샤넬이 30년 동안 15번지의 리츠 호텔에서 살다 나가기를 여러 번 반복했죠. 향수 '샤넬 넘버5'의 병뚜껑은 방돔 광장의 팔각형 모양을 상징한다는 이야기도 있어요. 헤밍웨이도 리츠에 여러 번 투숙했기 때문에 호텔 측은 바 한 곳에 그의 이름을 붙였답니다.

아방가르드 패션 디자이너 엘사 스키아파렐리Elsa Schiaparelli는

1935년에 자신의 의상실 겸 상점을 방돔 광장 21번지의 퐁페르튀 호텔로 옮겨 5층 건물 전체를 사용하기도 했습니다. 스키아파렐리가 메레트 오펜하임Meret Oppenheim, 장 콕토Jean Cocteau, 만 레이, 뒤샹, 달리 같은 당대 최고의 초현실주의 예술가들과 협업하기 시작한 것도 이때부터입니다. 스키아파렐리와 이 예술가들은 월리스 심슨Wallis Simpson◆이 입어 유명해진 바닷가재 드레스를 제작했고, 스키아파렐리 의상실의 초현실주의적인 진열창으로 파리를 놀라게 했습니다.

　미국 예술가 해링의 영혼도 방돔 광장을 떠돌고 있죠. 해링은 1990년 우리 곁을 떠났는데요. 오노 요코Ono Yoko에 따르면, 해링의 가족과 친지들이 펜실베니아 커츠타운에서 추모 예배를 거행하는 동안(해링의 화장한 재를 그곳에 뿌릴 예정이었죠) 그의 영혼이 자신에게 나타나 재를 한 움큼 주머니에 숨기라고 속삭였대요. 나중에 요코가 파리로 돌아간 후 해링의 영혼이 다시 나타나 숨겨온 재를 방돔 광장 기둥 근처에 뿌려 달라고 부탁했답니다. 물론 요코는 그의 부탁대로 했지요. 그래서 해링은 이 유서 깊은 광장 주변을 떠돌고 있는 많은 유령 중 하나가 됐다고 합니다. ※

◆ 미국 볼티모어 출신으로 왕세자 시절부터 영국 왕 에드워드8세의 연인이었다. 심슨 부인의 이혼 전력 때문에 왕실이 결혼을 반대하자 에드워드8세는 스스로 퇴위하고 심슨과 결혼했다. 윈저 공작부인이 된 심슨은 유럽과 미국 사교계의 패션 리더로 유명했다.

PORTE SAINT-DENIS

RUE SAINT-DENIS, RUE du FAUBOURG
SAINT-DENIS, BLVD SAINT-MARTIN,
& BLVD SAINT-DENIS • 10e

PORTE SAINT-MARTIN

RUE SAINT-DENIS, RUE du FAUBOURG
SAINT-MARTIN, BLVD SAINT-MARTIN,
& BLVD SAINT-DENIS • 10e

생 드니문과 생 마르탱문, 1672

📍 **생 드니문**: 생 드니가, 두 포부르 생 드니가, 생 마르탱대로, 생 드니대로가 만나는 지점. 파리 10구. 생 드니문 조각: 미셸 앙귀에르 〈라인강의 통로〉와 그 외 전면부.

📍 **생 마르탱문**: 생 마르탱가, 두 포부르 생 마르탱가, 생 마르탱대로, 생 드니대로의 접점. 파리 10구. 생 마르탱문 조각: 피에르 르 그로[父] 〈랭부르 점령〉, 가스파르 마르시 〈독일인들의 패배〉, 에티엔 르 옹그르 〈삼국동맹의 파기〉, 마틴 반 덴 보게르 〈브장송 점령〉.

개선문에 영감을 준 두 개의 문

Porte Saint-Denis, convergence of rue Saint-Denis, rue du Faubourg Saint-Denis,
bou-levard Saint-Martin and boulevard Saint-Denis, 1672, Michel Anguier,
The Passage of the Rhine(Le Passage du Rhin) and facade, Porte Saint-Martin,
convergence of rue Saint-Martin, rue du Faubourg Saint-Martin,
boulevard Saint-Martin and boulevard Saint-Denis, 1674, Pierre Le Gros the Elder,
The Capture of Limbourg(La Prise du Limbourg en 1675), Gaspard Marsy,
The Defeat of the Germans(La Défaite des Allemands), Étienne Le Hongre,
The Breaking of the Triple Alliance(La Rupture de la Triple Alliance), Martin van den Bogaert,
The Capture of Besançon(La Prise de Besançon)(10th arrondissement)

관광객들의 주목을 한 몸에 받는 것은 개선문이지만, 파리에 볼 만한 아치형 문이 개선문만은 아닙니다. 돌바닥이 깔린 파리의 분주한 거리 끝에 유령처럼 홀연히 서 있는 생 드니문Porte Saint-Denis과 생 마르탱문Porte Saint-Martin은 도시를 둘러싸고 있던 14세기 성벽의 출입구들을 대신하지요. 과거에는 왕이 성벽 너머 생 드니 성당에 예배를 다닐 때 이 출입구로 드나들었습니다. 프랑스의 왕이 거둔 승전을 기념하기 위해 세운 이 아치문들에는 왕이 아끼던 조각가들이 조각한 저부조가 빼곡히 새겨져 있어요. 세월이 흐르고 주변 지역이 성장하면서 이 아치문들은 번잡한 현대 도시 한 가운데 덩그러니 남겨진 판타지 건물처럼 남아버렸지요.

두 개 중 장식이 많고 더 오래된 생 드니문은 프랑스네덜란드전쟁◆에서 루이14세가 거둔 승리를 기념하기 위해 1672년 프랑수아 브롱델Francçois Blondel에 의해 건축을 시작했습니다. 구조물의 위쪽 표면은 미셸 앙귀에르Michel Anguier가 제작한 일련의 조각들로 장식돼 있고, 아치 양 측면에는 전리품과 노획한 무기들을 쌓아 만든 듯한 오벨리스크가 마치 벽에 반쯤 묻혀 있는 것처럼 붙어 있지요. 아치의 제일 위쪽에 달린 라틴어 문구 "루이 대왕LUDOVICO MAGNO"은 금박 입힌 표면을 번쩍이고 있어 멀리서도 눈에 띕니다.

생 마르탱문은 생 드니보다 2년 뒤인 1674년 브롱델의 제자인 건축가 피에르 불레Pierre Bullet가 건축을 시작했습니다. 이 아치는 라인강 유역과 프랑슈-콩테Franche-Comté◆◆에서 루이14세가 거둔 승전을 기념하기 위해 세운 것으로 역시 표면에는 여러 예술가가 만든 저부조가 새겨져 있어요. 아치 북쪽 면 사자 옆에 앉아 있는 여인은 피에르 르 그로Pierre Le Gros 부자 중 아버지가 제작했습니다. 전쟁의 신 마르스의 모습을 한 왕이 독일을 상징하는 독수리를 몰아내는 부조는 가스파르 마르시Gaspard Marsy의 작품이죠. 남쪽 면에 있는 메르쿠리우스(그리스신화로는 헤르메스) 신으로 분장한 나체의 루이14세는 에티엔 르 옹그르Étienne Le Hongre가 조각한 부조이고, 그 맞은편에 명예의 신 복장을 한 왕은 마틴 반 덴 보게르트Martin van den Bo-gaert가 조각했습니다.

이 두 아치는 150년도 더 지난 후에 세워진, 현재는 훨씬 더 유명한 개선문에 많은 영감을 주었답니다. 생 드니문과 생 마르탱문은 파리의 활기 넘치는 다문화 구역인 스트라스부르-생 드니Strasbourg-Saint Denis에 있어요. 이곳은 레스토랑과 칵테일 바, 다양한 음악 공연으로 잘 알려져 있지요. ❊

◆ 프랑스가 스페인령이던 네덜란드 남부(오늘날의 벨기에)의 영유권을 주장하며 네덜란드-스페인-신성로마제국 연합군과 1672년부터 6년간 벌인 전쟁
◆◆ 알자스-로렌 남쪽, 독일과 접경 지대에 있는 프랑스 지역

세닐리에르

📍 볼테르 강변로 3번지(7구)

예술가들을 위한
색채 조언자

Sennelier (original Shop), 3,
quai Voltaire(7th arrondissement)

좋은 예술 작품은 좋은 재료를 사용하는 데 달려 있다고 믿는 사람들이 있지요. 귀스타브 세닐리에르Gustave Sennelier도 그런 철학을 가진 사람이었습니다. 그는 1887년에 파산한 어느 미술 용품 가게를 인수해 이 평범한 가게를 유럽의 대표적인 유화 물감 공급 업체로 바꾸어 놓았어요. 그의 이름을 딴 미술 용품점은 유럽 전역에서 공수한 최상의 재료를 사용해 정확하고 선명한 색상의 도료를 만들어 널리 알려졌으며, 특히 피카소를 위해 유성 파스텔◆을 최초로 개발한 것으로 유명합니다. 단순한 상점 주인 이상이었던 세닐리에르는 색채에 대한 자신의 전문 지식을 활용해 예술가들에게 많은 조언을 했고 그들이 필요로 하는 재료들을 개발하기도 했습니다.

세닐리에르는 원래 화학 공업 분야의 카탈로그 제도사로 경력을 시작했지만 사실은 화학 실험과 색채에 열정을 가지고 있었죠. 일단 미술 용품점을 인수하고 나자, 그는 자신의 손으로 직접 물감 안료pigments를 생산하기로 결심합니다. 유럽 곳곳을 여행하며 갖가지 광물·식물·뼈 등 안료 원천 물질들의 판매자를 직접 만났고, 그들에게 구매해온 물질들을 갈아 가루로 만들었습니다. 그다음 프랑스 알프스의 산간 지역을 찾아다니며 안료의 응고재로 쓸 질 좋은 꿀과 계란을 모았어요. 파리의 가게로 돌아온 그는 이 재료들을 섬세하게 배합해 어떤 색깔과 농도의 물감도 즉시 만들 수 있었지요.

많은 예술가가 세닐리에르의 가게를 애용했고, 그들의 요구사항은 그가 개발하는 제품에 영향을 줬습니다. 드가가 갈색의 부드러운 파스텔을 요청하자 세닐리에르는 30개의 갈색 톤을 포함해 700가지 색상의 파스텔을 제조했죠. 귀스타브의 손자 앙리Henri는 1948년 피카소가 어느 표면에든 번짐 없이 사용할 수 있는 채색 도구를 요청하자 유성 파스텔을 개발합니다. 이 두 제품은 모두 지금까지도 꾸준히 팔리고 있죠. 에두아르 빌라르Édouard Vuillard는 이 가게의 캔버스를 정기적으로 구매했고 고흐, 세잔, 수틴, 고갱은 세닐리에르에게 자신들의 작품에 어울리는 색상에 대해 조언을 구하기도 했답니다.

오늘날 세닐리에르는 세계적인 최상의 미술재료 제조업체 중 하나입니다. 이 회사는 유화, 아크릴, 구아슈gouache, 템페라tempera♦♦ 물감, 파스텔을 제작하는 데 쓰이는 80가지가 넘는 색상의 건성 안료들을 생산하고 있습니다. 시간을 뛰어넘은 듯한 이 오래된 가게는 예술가들이 원하는 재료라면 어떤 것이든 공급해준답니다. ✖

♦ 흔히 '크레파스'라 불리는 채색 도구로 크레용과 파스텔의 중간 특성을 지녔다. 일본에서 최초로 개발됐으나 전문 미술 도구 수준의 제품은 세닐리에르가 처음 내놓았다.
♦♦ 구아슈는 불투명 수채물감 계열 도료로 천연 검gum 재질이 섞여 있다. 템페라는 안료를 달걀노른자에 이겨 만든 물감이다.

SQUARE GEORGES CAIN

8, RUE PAYENNE • 4ᵉ

조르주 캥 공원

📍 파엔가 8번지(4구)

파리의 숨겨진 조각
보물창고

Square Georges Cain, 8,
rue Payenne(4th arrondissement)

파엔가의 카르나발레 박물관Carnavalet Museum 뒤에는 숨겨진 보물창고 같은 작은 조각 공원이 있습니다. 1931년에 문을 연 이곳은 철거된 17~18세기 저택들에서 가져온 건축 장식물들의 피난처 역할을 했습니다. 다양한 벽난로 선반, 기둥, 아름다운 저부조가 새겨진 건물 전면의 일부분 등이 이 정원의 벽에서 새 삶을 찾았죠. 심지어 1871년 파리코뮌 때 불에 타 검게 그을린 옛 시청사와 튈를리궁Tuileries Palace의 일부도 이곳에 있습니다.

이 정원은 아리스티드 마욜Aristide Maillol이 제작한, 걷고 있는 포즈의 나체 여인상이 지키고 있어요. '일 드 프랑스Île de France'라는 이름의 이 청동 여인은 공원 중앙에 있는 둥근 꽃밭 위에 서 있죠. 마욜의 청동상은 17세기 베르사유궁전에서 활동했던 조각가 로렝 마니에르Laurent Magnier의 작품 〈오로라Aurore〉를 대체한 것입니다.

공원 입구에는 에릭 사마크Erik Samakh가 1990년에 제작한 흥미로운 음향 작품 〈하인츠의 나이팅게일Rossignol de Heinz〉이 있답니다. 이 작품은 태양 전지로 작동하는 컴퓨터 시스템을 이용해 스스로 날씨를 분석하고 공원 안 날씨 상태에 적합한 나이팅게일의 노랫소리를 틀어주죠. 근처에 앉아 들어보시면 정말 초현실주의적인 경험을 할 수 있을 거예요. 1990년 5월 소비니성Château de Sauvigny에서 녹음해온 이 나이팅게일 소리는 보통 해질녘에 들을 수 있습니다.

이 공원의 이름은 1897년부터 1914년까지 카르나발레 박물관의 큐레이터로 일했던 화가이자 작가인 조르주 캥의 이름을 따서 지어졌습니다. 박물관을 둘러보신 뒤 잠시 휴식을 취하기에 최적의 장소죠. 게다가 이 공원은 파리에서는 매우 드물게 무료 무선 인터넷을 사용할 수 있는 곳이랍니다. ✻

VINCENZO CORONELLI
Louis XIV Globes
FRANÇOIS-MITTERRAND LIBRARY • QUAI FRANÇOIS MAURIAC • 13ᵉ

빈첸초 코로넬리, 〈루이14세의 천구와 지구본〉, 1681

📍 프랑수아 미테랑 도서관, 프랑수아 모리악 강변로(13구)

나는 왕이다

Vincenzo Coronelli, Louis XIV Globes, 1681,
François-Mitterrand Library, Quai François Mauriac(13th arrondissement)

초현대적인 프랑스 국립도서관(프랑수아 미테랑 도서관Bibliothèque François Mitterrand)의 복도 아래에는 태양왕이 소유했던 멋지게 채색된 바로크 시대 구체 두 개가 있습니다. 1681년 파르마 공작Duke of Parma이 비슷한 소장품을 갖고 있는 것을 본 루이14세는 이탈리아 예술가 겸 지도 제작자 빈첸초 코로넬리Vincenzo Coronelli에게 자신의 것도 주문합니다. 그렇게 제작된 지름 6m인 거대한 구체 두 개는 태양왕 시대의 두 세계인 천상계와 지상계를 보여줍니다.

목재와 천, 석고로 제작된 구체들은 그 자체로 훌륭한 예술품으로, 태양왕의 호화로운 새 거처 베르사유궁전에 두기 위해 제작한 것입니다. 전제군주로 잘 알려진 루이14세답게 자신을 중심으로 돌아가는, 하나도 아닌 두 세계의 모형을 제작하라고 지시한 것은 사실 그리 놀라운 일은 아니죠. 하지만 루이14세의 오만과 허영은 예술과 문학에 대한 그의 지극한 애호를 동반했으니, 덕분에 오늘날 우리는 그가 남긴 방대한 양의 예술품과 장식물들을 감상할 수 있는 것이지요.

251

두 구체 중 푸른 바탕에 금박으로 세부가 표현된 천구는 1638년 루이 14세가 태어난 날의 별자리들의 위치를 보여줍니다. 왕은 자신이 신으로부터 세상을 다스릴 권한을 부여받았다고 믿었기에, 별들도 그날에는 자신을 위해 하늘에 배열됐다고 여겨 이를 기록으로 남겨야 한다고 생각했죠. 각 별자리를 상징하는 동물과 캐릭터들은 푸른빛으로 덮인 하늘 위에 다양한 농도로 정교하게 채색돼 있습니다.

또 다른 구체는 1680년대까지 알려져 있던 지도를 지구본 위에 담아 태양왕이 다스리는 지상 세계를 보여주고 있어요. 코로넬리는 아메리고 베스푸치Amerigo Vespucci, 르네 로베르 카벨리에René Robert Cavelier 같은 탐험가들이 남긴 지도와 삽화들로부터 당시까지 탐험된 광활한 육지와 새로 발견된 지역의 원주민들에 관한 정보 등을 취합해 넣었습니다. 이렇게 만들어진 코로넬리의 지구본은 여러모로 부정확하긴 하지만(일례로 캘리포니아가 섬으로 그려져 있답니다) 정말 아름답지요.

코로넬리의 두 구체는 프랑스혁명 때까지 베르사유궁전을 장식하다가 창고로 옮겨졌고, 훗날 국립도서관에 영구 전시물로 남아 있습니다. ※

UNKNOWN WOMAN of the SEINE
QUAI FRANÇOIS MITTERRAND · 1e

센강의 알려지지 않은 여인

📍 프랑수아 미테랑 강변로(1구)

미스터리한 죽음이 남긴
예술

Unknown Woman of the Seine(L'Inconnue de la Seine), quai du Louvre,
now renamed the quai François Mitterrand(1st arrondissement)

1880년대 후반 한 젊은 여인이 센강에 몸을 던져 목숨을 끊었습니다. 자신이 세상을 떠난 뒤 일종의 뮤즈가 될 줄은 꿈에도 모른 채 말이죠. 여인의 시신은 파리의 가장 유명한 박물관 앞 강변에서 수습됐습니다. 그리고 이 죽음은 곧 한 세기 넘도록 예술가들에게 영감의 원천이 됩니다.

시신 안치소에서 밀랍으로 이 여인의 데스마스크death mask가 제작됐는데, 젖은 머리칼과 속눈썹에 맺힌 물방울까지 그대로 보존한 터라 보는 이들에게 깊은 인상을 남겼습니다. 소문에 의하면, 죽은 여인의 젊은 나이와 아름다움, 평온한 표정에 깊은 인상을 받은 시신 안치소 직원 한 사람이 엷은 미소를 머금은 그 얼굴을 데스마스크로 제작해 영원히 남긴 것이라고 합니다. 아마 이 여인의 시신은 그곳에 매일 공지되는 무연고자를 확인하기 위해 찾아왔던 수천 사람들도 봤을 거예요. 하지만 그 많은 사람 중 누구도 여인의 신원을 안다고 나선 이가 없었기에, 결국 그 여인은 그저 〈센강의 알려지지 않은 여인Unknown Woman of the Seine〉으로 불리게 됐죠.

이 이야기는 여기서 끝이 아니랍니다. 여인의 데스마스크가 어느새 파리의 보헤미안들 사이에 알려지면서 수많은 복제품이 만들어져 팔려나가기 시작했죠. 파리의 창의적인 예술가들은 이 미스터리한 여인의 신비한 엷은 미소에 매료됐답니다. 심지어 그 얼굴은 에로틱한 이상형으로 여겨지기도 해 유럽 전역의 많은 응접실 벽에 걸릴 정도였습니다. 뿐만 아니라 20세기에 들어선 후에도 한참 동안 여러 예술가의 작업실에서 무언의 모델로 쓰이기도 했어요. 피카소와 만 레이를 포함해서요. 센강의 여인을 〈모나리자〉에 비견했던 알베르 카뮈Albert Camus의 작업실에도 이 신비한 미소의 얼굴이 걸려 있었고, 라이너 마리아 릴케Rainer Maria Rilke, 아나이스 닌Anaïs Nin, 블라디미르 나보코프Vladimir Nabokov와 그 밖의 많은 작가의 문학작품들에서도 언급되지요.

어쩌면 여러분은 구강 대 구강 호흡법으로 이 여인을 만나봤을지도 몰라요. 센강 여인의 데스마스크는 바로 심폐소생술 CPR 실습용 인형인 리수시 애니Resusci Annie('작은 앤'이라고도 불리죠)의 얼굴이거든요. 피터 사파르Peter Safar와 아스문드 라에르달Asmund Laerdal이 1958년에 개발한 이 장비는 아직도 심폐소생술 교육에서 널리 쓰이고 있습니다. 그러니 지금까지 이 죽은 여인의 입술에 입맞춤한 사람이 얼마나 많을까요?

센강 여인의 데스마스크는 지금도 구입할 수 있습니다. 파리 근교의 아르케이Arcueil에 있는 로렌치 공방Atelier Lorenzi이라는 곳에서 19세기 석고 원본의 복제품을 만들어 팔고 있거든요. 루브르 근처에서 센강을 건널 때는 그곳에서 생을 마감하고 유명해진 이 여인을 위해 잠시 묵념의 시간을 가져주시길 바랍니다. ※

5장

예술가의 방식으로
살며 일하기·

예술가들과 다양한 분야의 창의적인 사람들이
여러 세대 동안 파리로 모여든 덕분에
우리는 그들의 자취를 따라갈 수 있는 기회를 누리고 있습니다.
그러니 박물관에서 예술가들의 작품을 만나는 것을 넘어 그들이 알았던 파리,
그들의 집들을 둘러보는 일도 흥미롭지요.
반고흐가 남프랑스로 떠나기 전에 2년간 세 들어 살면서
200점이 넘는 작품을 그렸던 집 앞에 서 보는 건 어떨까요?
피카소가 예술가로서의 경력을 시작한 누추한 숙소나
그가 죽기 전까지 사용했던 넓은 작업실을 방문해보아도 좋겠죠.
수천 점의 예술품을 나치의 약탈로부터 구해낸
로즈 발랑Rose Valland의 자취를 찾아가 경의를 표하거나,
센강 좌안의 전위 예술가들 작품을 다수 사들여 그들이 예술가로서의 삶을
시작할 수 있도록 도와준 스타인이 머물던 아파트 앞에 서 보는 것도 괜찮겠지요.

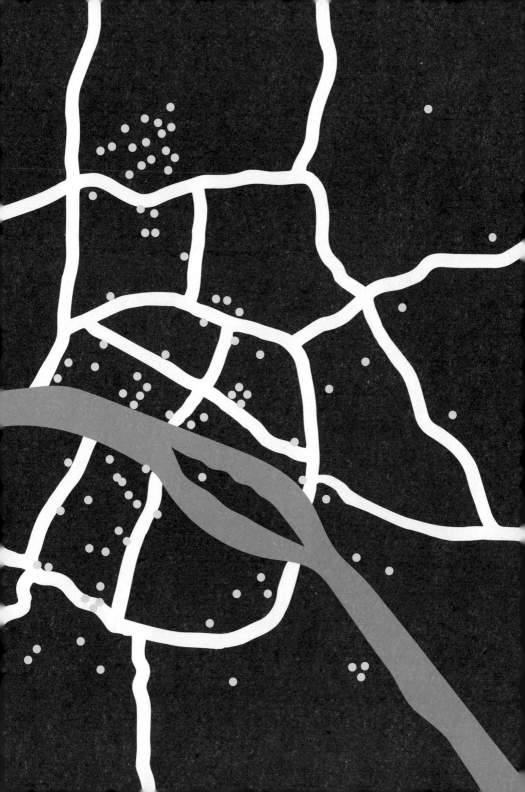

BATEAU-LAVOIR

PLACE ÉMILE GOUDEAU • 13, RUE RAVIGNAN • 18ᵉ

바토라부아

📍 에밀 고두 광장 13번지(18구)

피아노 공장에서
예술가들의 작업실로

Bateau-Lavoir, 13,
rue Ravignan on Place Emile Goudeau(18th arrondissement)

몽마르트가 파리 예술 생활의 중심지였던 시절, 유럽 전역에서 이 도시 속 전원 지역의 언덕으로 모여든 예술가들은 거주할 공간을 구하는 게 어려웠습니다. 그들은 이후 많은 예술가가 그랬던 것처럼 빠듯한 예산으로 주거와 작업 공간을 모두 충족시킬 수 있는 곳을 찾아 공장 지대로 눈을 돌렸죠. 1889년에 한 무리의 예술가들이 무도회장 옆에 붙어 있는 옛 피아노 공장에 들어왔습니다. 이 건물을 무단으로 점유한 그들은 나무판자로 대충 꿰맞춰 내부를 스무 개의 비좁고 축축한 방으로 나누었죠. 난방이나 전기도 없고 상수도가 들어오는 방도 단 한 개뿐인 이 창고는 날씨가 궂을 땐 건물 전체가 흔들릴 정도로 허술한 공간이었습니다. 폭풍이 일던 어느 날, 시인이자 화가 막스 자콥Max Jacob은 자신이 살고 있던 그곳에 '바토라부아'라는 이름을 붙였습니다. [물결에 흔들리며 떠 있는 조잡한] 센강의 세탁선을 연상시켰기 때문이죠.

매우 열악한 상태에도 불구하고 바토라부아에는 역사상 가장 중요한 예술가들이 여럿 살았답니다. 이곳의 가장 큰 매력은 월세가 15프랑인 점이

에요. 이 지역의 가장 저렴한 호텔의 절반밖에 안 되는 비용인 데다가 호텔과 달리 아무런 제약 없이 작업에 전념할 수 있다는 장점이 있었죠. 피카소는 '청색 시기'로 분류되던 1903년에 바토라부아로 이사했는데, 이때부터 미술사가 복잡해지기 시작합니다. 그는 이 건물의 작은 방에서 자신의 뮤즈 페르낭드 올리비에르Fernande Olivier(피카소의 〈장밋빛 시기〉에 영감을 준 인물입니다)와 함께 반려동물인 생쥐 한 마리를 서랍 속에 키우며 살았어요. 피카소는 1907년 이 방에서 〈아비뇽의 처녀들Les Demoiselles d'Avignon〉을 그렸는데, 이 작품은 큐비즘의 출발을 알리며, 바토라부아의 이름을 현대미술의 탄생지로 영원히 남게 했습니다.

피카소의 존재는 다른 예술가와 작가들도 바토라부아로 이주하도록 이끌었습니다. 화가 모딜리아니, 후안 그리스Juan Gris, 키스 반 동겐Kees van Dongen, 조르주 브라크Georges Braque, 마리 로렝셍Marie Laurencin 등이 그들인데 대부분 자신의 연인과 함께 이곳의 초라한 방에서 살았답니다. 비록 허물어져 가는 건물이었지만 부유한 예술계의 엘리트들도 바토라부아를 자주 찾았어요. 한 지붕 아래 여러 작가의 작업을 두루 둘러볼 수 있었기 때문이죠. 제1차 세계대전이 시작되고 많은 예술가가 보다 남쪽의 몽파르나스로 옮겨가기 전까지 바토라부아는 예술적 창조성과 와인, 흥겨운 파티, 살롱의 열띤 대화가 넘치는 흥미로운 공간이었습니다.

오늘날 바토라부아는 일반 대중에게 공개되지는 않지만 여전히 예술가들의 작업실로 사용 중이에요. 원래 건물은 1970년에 화재로 무너졌는데 1987년 현대적 시설을 구비해 재건축을 했습니다. ※

CHASING CÉZANNE AROUND PARIS
Multiple Sites

세잔의 자취를 따라서

📍 샤르니 저택, 보트렐리가 22번지·노트르담 드 샹가 53번지·드 루에스트가 67번지와
32번지·빌라 드 아르, 에제시프-모로가 15번지, 발루가 31번지

세잔의 파리들

Chasing Cézanne Around Paris, Hôtel Charny, 22, rue Beautreillis(3rd arrondissement), 1865–1869, 53, rue Notre Dame des Champs(6th arrondissement,) 1870–1871, 67, rue de l'Ouest(14th arrondissement), 1877(Still Life with Jar, Cup, and Apples and The Roofs), 32, rue de l'Ouest(14th arrondissement), 1878–1882 (The Roofs of Paris), Villa des Arts, 15, rue Hégésippe-Moreau, 18th arrondissement, 1898–1899(Portrait of Ambroise Vollard), 31, rue Ballu, 9th arrondissement, 1899–1906

몽마르트와 몽파르나스의 전위 예술가들 모두 현대미술의 개척자로 존경하는 한 사람이 있죠. 바로 세잔입니다. 채색된 평면과 반복적 붓질을 활용한 그의 후기 인상주의 양식은 전통적인 회화의 규범을 깨고 기존의 원근법 관념에 도전했지요. 어떤 이들은 그를 입체파의 선도주자라고 말하기도 합니다. 세잔은 예술 경력 내내 미술계로부터 조롱과 오해를 받았지만, 결국 그의 혜안은 마티스, 피카소 같은 현대 예술가들에게 나아갈 길을 열어주었습니다.

세잔은 생애 많은 부분을 고향인 액상-프로방스Aix-en-Provence◆에서 보냈지만, 젊은 시절에 작가 에밀 졸라Émile Zola의 권유로 파리에서 예술 경력을 더 쌓기로 결심합니다. 파리에서 그리 오래 머물지는 않았으나, 그의 발자취 중 일부는 아직도 따라가볼 수 있답니다. 그가 살던 곳임을 알려주는 안내판이 많지 않지만 말이죠. 세잔은 외젠 오스만의 대대적인 파리 재정비 사업(1853~1870)이 한창이던 1861년에 파리로 이사했습니다. 파리에서 그의 작업실이 있던 건물 중 상당수는 오래전에 철거됐지만, 여전히 남아 있는 장

소에 방문해보는 건 재밌는 일이죠.

　　스물두 살 세잔이 처음 파리로 이사 온 곳은 훗날 사라진 덴페르가rue d'Enfer입니다. '지옥 거리'라고 불리는 이 동네에서 불과 다섯 달을 살았어요. 그는 여기 사는 동안 루브르, 뤽상부르, 베르사유궁전 등에서 시간을 보내며 이곳들이 품고 있는 예술의 역사를 음미했습니다. 그의 짧은 파리 체류는 몇 년 더 이어지는데, 이때 그가 머물렀던 아파트들 대부분은 현재 남아 있지 않아요. 1865년에서 1869년까지 세잔은 17세기 건물인 샤르니 저택Hôtel Charny의 다락방에 거주했습니다. 이곳은 시인 보들레르가 몇 년 전 살았던 곳이자 바로 길 건너 건물에서 1971년 가수 짐 모리슨Jim Morrison이 변사체로 발견된 곳이기도 하죠. 세잔은 [잠시 고향에 내려갔다가] 1870년 파리로 돌아와 노트르담 드 샹가rue Notre Dame des Champs에 위치한 아파트에 세를 얻었고, 보불전쟁이 일어나 파리를 떠나기 전까지 이곳에서 애인 오르텐스 피케Hortense Fiquet와 비밀리에 동거합니다.

이후에도 그는 계속 파리와 남부 프로방스 사이에서 이사를 반복하며 지냈습니다. 1887년까지 세잔의 새 파리 거처는 드 루에스트가rue de l'Ouest 67번지였어요. 이 주소에서 그가 거주한 기간은 짧았지만, 〈단지, 컵, 사과가 있는 정물Still Life with Jar, Cup, and Apples〉과 〈지붕들The Roofs〉이라는 작품을 여기서 그린 덕분에 이 집의 벽지와 창문을 통해 바라본 풍경은 예술사에 길이 남지요. 또 한 번 잠시 파리를 떠났다가 돌아온 후에 세잔은 같은 거리에서 조금 아래쪽인 32번지로 이사했습니다. 이곳에서 그는 1882년 또 다른 창밖 풍경을 담은 〈파리의 지붕들The Roofs of Paris〉을 그렸죠.

수년이 지나 1890년대 후반에 들어서자 마침내 세잔은 명성을 얻고 미술계에서 인정을 받았습니다. 그는 이 시기 1898년부터 이듬해까지 몽마르트에 있는 빌라 드 아르Villa des Arts에 살았어요. 여기서 미술품 중개상 암브로즈 볼라르Ambroise Vollard의 초상화를 그렸답니다. 볼라르는 세잔이 원하는 포즈를 잡기 위해 백 번도 넘게 고쳐 앉았다고 합니다. 세잔의 이 긴 여정은 그가 1899년부터 세상을 떠날 때까지 작업실로 썼던, 파리의 마지막 주소인 발루가rue Ballu 31번지에서 끝납니다. 1906년 67세의 세잔은 액상-프로방스에서 야외에 그림을 그리러 나갔다가 폭풍우를 만나지요. 당뇨를 앓았던 그는 이 일로 폐렴에 걸렸고 결국 합병증으로 며칠 뒤 세상을 떠났습니다. ※

◆ 프랑스 동남부의 이탈리아와 접한 지방

CITÉ FLEURIE
61-67, BOULEVARD ARAGO • 13ᵉ

시테 플로리

 아라고대로 61-67번지(13구)

예술가를 위한
스물아홉 개 작업실

Cité Fleurie, 61-67,
boulevard Arago(13th arrondissement)

13구의 어느 번잡한 대로 뒤에 위치한 연철 대문을 하나 지나면 목재 골조 오두막집들이 모여 있는 시골 마을 같은 골목이 나옵니다. 시테 플로리Cité Fleurie라 불리는 이곳은 미술사 연보에서 매우 중요한 장소죠. 1878년에 열렸던 만국박람회의 식품 전시관을 해체하고 남은 자재로 세운 이 마을은 예술가들을 육성하기 위해 조성한 스물아홉 개의 튜더Tudor 시대 스타일의 작업실들로 이뤄져 있습니다. 녹지의 풀꽃 내음이 구석구석까지 닿을 것 같은 이 골목에서 고갱과 모딜리아니를 포함한 많은 예술가가 100년도 넘게 작업을 해왔답니다.

대문 안으로 들어서면, 한적한 어느 농촌의 천국과도 같은 시테 플로리의 풍경이 분주하고 지저분한 도시에 사는 예술가들의 마음을 정화하며 영감을 불어 넣어 주지요. 오두막 여러 채가 구불구불한 길가에 늘어서 있는데, 주변이 온통 온갖 나뭇잎, 꽃, 과일나무는 물론이고 예전 거주자들이 만든 조각품들과 빈티지 가구, 자전거 등의 장식품들로 가득해 마치 비밀의 정원에 들어온 것 같이 느껴집니다.

이곳에 사는 운 좋은 예술가들은 파리의 한복판에서 전원생활의 일부를 누리며 작업하고 있지요. 시테 플로리는 원칙적으로 사유 공간이지만, 일반 대중에게 완전히 차단된 곳은 아닙니다. 이곳은 매년 6월이면 주말 내내 레자르 드 라 비에브Lézarts de la Biévre♦ 축제 기간 동안 13구와 5구에 있는 다른 예술가들의 작업실들과 함께 대중에게 개방됩니다. 이외에도 간혹 방문할 수 있어요. 가령 운동하고 있는 시테 플로리의 주민에게 아주 정중하게 요청한다면, 그가 친절한 사람일 경우 흔쾌히 대문 안으로 들어오게 해줄 수도 있을 겁니다. ✺

♦ 파리 5구와 13구를 중심으로 활동하는 다양한 시각예술(거리 예술, 그라피티를 포함한다) 분야 작가들의 단체

GERTRUDE STEIN HOME
27, RUE de FLEURUS • 6ᵉ

거트루드 스타인의 집

📍 드 플로뤼스가 27번지(6구)

현대미술관의
효시

Gertrude Stein home, 27,
rue de Fleurus(6th arrondissement)

파리의 예술가·작가·예술품 수집가라면 너나 할 것 없이 누구나 거의 매주 토요일마다 30년 동안 센강 좌안에서 열리던 최고의 살롱에 초대받고 싶어했습니다. 이 모임의 주최자는 미국인 작가 거트루드 스타인이었죠. 그녀는 처음에는 오빠 레오Leo와 나중에는 자신의 파트너인 앨리스 토클라스Alice B. Toklas와 살롱을 주재했습니다. 20세기 초에는 스타인 남매가 수집한 방대한 예술품을 보고 싶어한 수집가, 그리고 자신의 작품도 그 수집품의 일부가 되기를 바랐던 예술가가 주로 이 살롱을 찾았습니다. 1920년대에는 스콧 피츠제럴드F. Scott Fitzgerald, 싱클레어 루이스Sinclair Lewis, 헤밍웨이 같은 미국 작가들이 살롱에 참석하기 시작하면서 보다 문학적인 성격의 모임이 되었죠.

1903년 거트루드와 레오는 파리의 넓은 아파트로 이사해 많은 그림을 수집하기 시작합니다. 그들은 세잔, 르누아르, 마티스, 고갱, 로트렉, 피카소와 그 밖의 여러 화가의 작품을 사 모았고 이를 자신들의 집 안 벽에 빈틈이 보이지 않을 정도로 빽빽이 걸어 놓았답니다. 살롱을 처음 시작하게 한 그림은 마티스의 1905년 작 〈모자를 쓴 여인Woman with a Hat〉이었습니다. 밝은 색으로 칠해진 이 현대적인 그림이 가을 미술대전에서 파란을 일으킨 뒤 스타인의 집에 걸리자 모두들 이 작품을 보고 싶어했거든요.

거트루드는 시장보다 앞서 예술가의 재능을 기가 막히게 알아보는 재주가 있었고, 그 덕분에 훗날 슈퍼스타가 된 떠오르는 예술가의 작품들로 방대한 컬렉션을 이룰 수 있었습니다. 그의 친구 피카소처럼 너무 유명해져 더 이상 그 작품을 살 수 없어지면, 거트루드는 후안 그리스 같이 다음 스타가 될 예술가의 작품을 모으기 시작했습니다.

많은 사람이 스타인 남매의 수집품들을 현대미술관의 효시라고 생각합니다. 그러나 아쉽게도 이들의 컬렉션은 한 차례 둘로 나눠지죠. 레오가 1914년 거트루드와 다투고 이사를 나갔거든요. 그는 피카소와 마티스 그림 대부분은 두고 갔지만, 르누아르 작품 16점과 자신이 제일 좋아한 세잔의 1878년 작 〈5개의 사과Five Apples〉를 가지고 가버렸습니다. 거트루드는 세잔의 이 그림을 가져간 것 때문에 레오를 끝내 용서하지 않았다고 하네요.

거트루드의 살롱에서는 매주 전 세계에서 찾아온 재능 있는 인물들이 수많은 예술 작품과 르네상스 가구들에 둘러싸여 최신 예술과 문학에 대해 토론했습니다. 하지만 이 초대 손님들과 동행한 부인이나 여자친구들은 살롱의 토론에 참여할 수 없었죠. 그들은 대신 토클라스가 주재하는 별도의 방에서 시간을 보내야 했습니다.

스타인과 토클라스는 제2차 세계대전이 일어나자 드 플로뤼스de Fleurus가의 아파트를 떠나 알프스 산간의 시골집으로 피신했습니다. ◆ ※

◆ 스타인은 자신의 미술품들을 금고에 봉인해두고 떠났는데, 비시 프랑스 정부를 공공연히 지지하며 그 고위 인사들과 친분을 맺은 덕분에 그의 수집품들은 전쟁이 끝날 때까지 나치에게 몰수되지 않았다.

로이 풀러의 집

📍 코르탐베르가 24번지(16구)

아르누보가
춤과 만날 때

Loie Fuller home, 24,
rue Cortambert(16th arrondissement)

아르누보가 파리의 미술·건축·장식 예술을 휩쓸고 있을 때, 미국 출신의 무용수 로이 풀러Loi Fuller는 파리로 건너와 곧 이 예술 운동을 육체로 표현하는 대표자가 됩니다. 본명이 마리 루이즈 풀러Marie Louise Fuller였던 로이는 일리노이주 시카고 근교에서 태어나 어린 시절부터 무대에 올랐고 일찌감치 프리 댄스Free-movement dance◆로 스타가 됐어요. 유럽이 예술 면에서보다 자유롭다는 사실을 알게 된 그는 1892년 파리로 이주했고 이내 전위 예술계에서 무용수이자 발명가, 뮤즈로서 확고한 지위를 차지합니다.

풀러는 유명한 폴리 베르제르에서 공연해 즉각 성공을 거뒀죠. 그는 마치 화가가 붓을 사용하는 방식이 그런 것처럼 무용을 예술의 시각적 도구라고 여겼습니다. 옷소매에 긴 대나무 막대를 넣고 재봉해 물 흐르듯 출렁이는 의상을 입은 후 몸을 뒤틀며 아르누보 회화에서 볼 수 있는 곡선과 소용돌이를 만들어내는 그의 안무는 관중들의 사랑을 받았습니다. 풀러의 이 춤은 서펀타인 댄스Serpentine Dance라 불리며 아르누보를 구현하는 몸짓으로 받아들여졌고 뤼미에르Lumière 형제에 의해 필름으로 남기도 했습니다. 여

273

러분도 이 영상을 유튜브에서 쉽게 찾아볼 수 있어요. 풀러는 공연할 때 여러 빛깔의 조명을 사용해 자신이 입은 무대의상의 색조가 다르게 보이도록 했는데, 이 기법으로 12건이 넘는 특허도 획득했죠. 화학 조명을 이용한 실험 덕분에 풀러는 마리 퀴리Marie Curie 박사와 친분을 쌓았을 뿐 아니라 프랑스 천문학회the French Astronomical Society 회원 자격도 얻었답니다. 프랑스 예술계의 사랑을 한 몸에 받던 풀러는 장 세레Jean Chéret, 라리크Lalique, 로트렉 같은 예술가들의 작품 모델로 서기도 했어요.

파리에서 거둔 성공으로 풀러와 그의 연인 가브리엘 소레르Gab Sorère라는 이름의 여성은 파리 16구의 고급스러운 동네 코르탕베르Cortambert가 24번지에 위치한 아름다운 집으로 이사할 수 있었습니다. 그들은 1928년 65세의 풀러가 폐렴으로 사망할 때까지 이 집에서 행복하게 살았답니다. ❈

◆ 틀에 박히고 형식주의적인 서양 고전 무용 발레에 반발하며 19세 후반 등장한 여러 실험적 춤들의 통칭. 현대 무용의 기원이 됐다.

MARIE VASSILIEFF'S CANTEEN
21, AVENUE du MAINE • 15^e

마리 바실리에프의 식당

📍 두 멘가 21번지(15구)

예술가들을 위한
또 하나의 작업실

**Marie Vassilieff's canteen, 21,
avenue du Maine(15th arrondissement)**

러시아 출신의 마리 바실리에프Marie Vassilieff는 의사가 되기를 원했던 가족의 바람을 저버리고 미술을 공부하기 위해 1907년 파리로 왔습니다. 그는 동료 예술가들에게 좋은 평을 얻으면서 매우 개방적이었던 화가 마티스의 밑에서 공부했고, 곧 몽파르나스의 전위 예술가들 사이에 자리를 잡습니다. 마리는 폭넓은 작품 활동을 했지만, 작품보다 그의 작업실 때문에 더 잘 알려져 있답니다. 마리의 작업실은 임시 강의실이자 갤러리, 회의장, 식당 등으로 쓰이며 제1차 세계대전 동안 몽파르나스에 살았던 예술가들에게 구심점 역할을 했거든요.

다른 여성 예술가들과 달리 바실리에프는 몽파르나스가 평온하던 시절, 예술계에서 빠르게 지위를 끌어 올렸습니다. 아마도 그만의 남달리 너그러운 성격 덕분이었을 거예요. 주변의 다른 예술가들이 생계를 유지하는 데 어려움을 겪는 동안, 물질적으로 여유로웠던 그는 자주 동료들을 자신의 공간으로 초대해 와인과 함께 대화를 나누며 근심을 덜고 따뜻한 시간을 보내게 해주었죠. 오래지 않아 바실리에프의 작업실에는 많은 전위 예술가들이 찾아왔습니다. 작곡가 에릭 사티Erik Satie를 비롯해 근처 라 루쉬La Ruche에 사는 니나 햄닛Nina Hamnett, 모딜리아니, 자드킨Zadkine, 후안 그리스, 수틴 같이 경제적으로 어려운 예술가들이었죠. 동료들이 방문할 때면 종종 즉흥적인 그림 그리기가 벌어지곤 해서 바실리에프의 미술품 컬렉션도 점점 늘어났습니다. 샤갈, 모딜리아니, 피카소, 자드킨 같은 이들은 바실리에프의 작품을 보기 위해 들르기도 했고, 페르낭 레제Fernand Léger는 이 작업실에 모인 사람들에게 현대미술에 관해 강연을 하기도 했죠.

제1차 세계대전이 일어나자 바실리에프는 프랑스 적십자에 자원해 간호사로 일했습니다. 동시에 전쟁이 예술가들의 재정난을 얼마나 악화시키는지 마주하면서 그는 동료 예술가들에게 온정의 손길을 뻗습니다. 자신의 작업실에 또 다른 기능, 즉 식당의 역할을 더한 것이죠. 단 몇 센트의 푼돈만 받고 바실리에프는 지역의 가난한 예술가들에게 와인을 포함한 풀코스의 식사와 기운을 북돋아주는 좋은 시간을 제공했습니다. 그의 이 자선 덕분에 라 루쉬와 몽파르나스의 예술가들은 힘든 전쟁 동안 굶주리지 않고 지낼 수 있었죠. 마리의 작업실은 대중을 상대로 영업하는 식당이 아니라 개인 클럽 공간으로 등록돼 있었기 때문에 전시에 발효 중이던 통행금지 시간의 제약을 피할 수 있었습니다. 덕분에 밤늦게까지 파티도 열었지요.

이곳에서 열렸던 제일 유명한 파티는 바실리에프의 대표작 〈브라크의 만찬Le Banquet Braque〉의 주제가 되기도 했답니다. 군에 징집돼 제1차 세계대전에 참전했던 화가 조르주 브라크Georges Braque가 부상을 입고 전역하자, 바실리에프의 식당에서 환영 파티를 열기로 합니다. 바실리에프는 예술가 친구들 대부분을 초대했지만, 모딜리아니는 제외했어요. 최근에 모딜리아

니와 헤어진 베아트리스 헤이스팅스Beatrice Hastings가 파티에 참석하기 때문이었죠. 하지만 모딜리아니는 시끌벅적한 파티 소리를 들었고 뒤늦게 술에 취한 채 무기를 들고 나타나 소란을 피웠습니다. 바실리에프는 단호한 태도로 모딜리아니를 아래층으로 밀어냈고 피카소와 칠레 출신 화가 마누엘 오르티스 데 사라테Manuel Ortiz de Zárate가 실랑이 한 끝에 그를 겨우 밖으로 내보냈습니다. 〈브라크의 만찬〉은 바로 이날의 파티 모습을 담았어요.

바실리에프는 남성 작가들로 구성된 입체파 운동에서 비중 있는 위치를 차지한 예술가가 됩니다. 그는 유명한 예술가 친구들의 초상화도 여러 점 그렸죠. 또한 라 쿠폴La Coupole의 기둥 중 하나에서도 바실리에프의 작은 그림 한 점을 볼 수 있답니다.

1990년대 후반에 바실리에프의 이 유명한 작업실은 몽파르나스에서 활동한 예술가들의 과거와 현재 작품을 전시하는 박물관이 됐어요. 그러나 안타깝게도 이 박물관은 2013년 재정 지원이 끊기면서 문을 닫았습니다. ✖

PICASSO'S GRAND STUDIO
7, RUE des GRANDS-AUGUSTINS • 6ᵉ

피카소의 작업실

📍 드 그랑-오귀스탱가 7번지(6구)

파도에 흔들리는 배에서
그리는 그림들

**Picasso's grand studio, 7,
rue des Grands-Augustins(6th arrondissement)**

피카소는 수년 동안 파리의 여러 곳에 거주하면서 일했지만, 드 그랑 오귀스탱가에 있는 작업실이 그에게는 가장 중요한 공간이었습니다. 그는 첫 번째 아내 올가와 헤어진 뒤인 1936년부터 거의 20년 동안 이곳에 살면서 작업했죠. 그러다 피카소의 새 애인 도라 마Dora Maar가 다락에 있는 이 공간을 발견해 알려주었고, 피카소는 곧바로 휑뎅그렁한 이곳을 마음에 들어 했습니다.

피카소는 오노레 드 발자크 Honoré de Balzac의 〈알려지지 않은 걸작 The Unknown Masterpiece〉 도입부에 묘사된 것 같은, 17세기에 지어진 서민층 주택 건물을 친숙하게 여겼습니다. 많은 시각 예술가가 그랬듯이 피카소도 발자크의 작품을 매우 좋아했고, 그래서 뜻밖의 발견처럼 보이는 오래된 건물 안에 작업실을 두고 싶다는 로망이 있었거든요. 도라가 알려준 이 공간은 배 안에 있는 것 같은 느낌을 주었기 때문에 피카소는 이곳의 구조를 배의 선교, 선창 등에 비유하기도 했어요. 사실 배와 비교할 만한 피카소의 숙소는 이곳이 최초는 아닙니다. 비바람이 심한 날이면 폭풍 속의 배처럼 흔들리던 바토 라부아도 있으니까요. 따라서 피카소는 그랑오귀스탱가의 공간에서 향수와 함께 편안함을 느꼈을 거예요.

이곳으로 이사 오고 1년 후, 피카소는 작업실의 큰 창으로 들어오는 하늘빛 아래에서 나치의 바스크Basque 소도시 폭격을 규탄하는 대작 〈게르니카Guernica〉를 그렸습니다. 프랑코 군부 세력을 지원하며 스페인 내전에 개입한 나치 독일의 군대는 전술적 실험 목적으로 소도시 게르니카를 무차별 폭격해 많은 민간인 희생자가 발생했고, 이 사건은 전 세계의 이목을 끌었습니다. 피카소의 상징적 작품 〈게르니카〉는 그의 가장 유명한 그림 중 하나가 되지요. 제2차 세계대전이 일어나자, 뉴욕 등지로 피신한 다른 많은 외국 출신 예술가들과 달리 피카소는 파리에 남았습니다. 작업실을 은신처 삼아 어떻게든 나치의 괴롭힘을 교묘히 피해가며 계속 그림을 그렸죠. 전쟁이 끝난 뒤 피카소는 대부분을 남프랑스에서 보냈지만 그랑오귀스탱가의 작업실은 1955년까지 파리의 본거지로 계속 유지했습니다.

피카소의 (그랑오귀스탱가 거주지는 2014년 역사적인 기념물로 공인됐고 향후 그의 작업실이 됐습니다) 숙소였던 당시 모습으로 복원해 일반에게 공개할 계획이라고 합니다. ❋

ROSE VALLAND HOME
4, RUE de NAVARRE • 5ᵉ

로즈 발랑의 집

📍 나바르가 4번지(5구)

예술품들을 구한
박물관 큐레이터

Rose Valland Home, 4,
rue de Navarre(5th arrondissement)

한 사람의 용기 있는 행동이 없었더라면 유럽 전역의 귀중한 예술품 수천 점은 영원히 사라져 버렸을지도 모릅니다. 조용하고 학구적인 여성 로즈 발랑은 1932년 유명한 죄 드 폼Jeu de Paume 미술관의 보조 큐레이터로 일하기 시작했습니다. 제2차 세계대전이 일어나 독일군이 파리를 점령하자, 발랑은 자신의 직업이 죄 드 폼과 유럽 각지 미술관들에서 자행되는 나치의 예술품 약탈 과정 한 가운데 놓이게 된 사실을 깨달았고 이를 막기 위해 행동하기로 결심합니다.

나치 지배하에서 죄 드 폼은 독일 전역의 나치 고위 관료들 집이나 여러 은닉 장소로 보내기 위해 약탈한 각종 예술품을 취합해 문서에 기록하고 분류 작업을 시행하는 창고로 쓰이게 됩니다. 또한 악명 높은 독일 제국 원수Reichsmarschall 헤르만 괴링Hermann Goering은 이 미술관을 방문해 오스트리아 린츠Linz에 건설될 예정이던(끝내 실현되지 못했지만) 총통 박물관Fürhermuseum에 소장할 작품들을 선별해갔죠.

발랑은 1941년 나치에 의해 이러한 작업을 감독할 인물로 선임됐습니다. 그는 당일에 미술관을 거쳐간 예술품들의 이동 경로를 기억해두었다가 매일 밤 비밀리에 이를 기록했어요. 그렇게 전쟁 동안 나치가 훔쳐간 문화재들은 총 2만 점이 넘었답니다. 과묵한 발랑의 성격에 안심한 나치들은 그가 독일어를 안다는 사실을 눈치 채지 못한 채, 둘도 없는 기회를 제공합니다. 나치 관리들이 자주 발랑 앞에서 자기들끼리 독일어로 중요한 정보를 이야기한 겁니다. 그가 프랑스 레지스탕스를 위해 일하는 스파이라는 걸 전혀 의심하지 못한 채 말이죠. 약탈된 예술품들의 이동 경로를 기록하는 것 이외에도 발랑은 프랑스 국립박물관 연합Réunion des Musées Nationaux의 책임자인 자크 조자르Jacques Jaujard를 정기적으로 만나 예술품을 운반하는 열차편에 관한 정보를 넘겨주었습니다. 이 정보 덕분에 레지스탕스들은 나치의 화물 열차를 공격하다가 뜻하지 않게 문화재를 손상시키는 불상사를 피할 수 있었어요.

프랑스가 나치로부터 해방되자 발랑은 자신이 만든 비밀 기록으로 나치의 은닉 장소들에 숨겨져 있던 수많은 예술품을 찾아내는 데 결정적인 기여를 합니다. 1945년에는 프랑스 제1군의 장교가 돼 약탈됐던 프랑스 예술품들을 본래 주인에게 돌려주는 작업도 돕지요. 발랑은 이러한 공로로 프랑스에서 가장 높은 훈장을 받은 여성이 됐고, 죄 드 폼 미술관에는 그의 용기와 공적을 기리는 현판이 설치됐습니다.

전쟁이 끝난 뒤 발랑은 파트너인 영국 여성 조이스 헬렌 히어Joyce Helen Heer와 함께 나바르가의 아파트에서 살았습니다. 히어는 미국 대사관에서 일하는 통역사였죠. 히어는 1977년, 발랑은 1980년에 각각 세상을 떠났습니다. ※

LA RUCHE
2, PASSAGE de DANTZIG • 15ᵉ

라 루쉬

📍 당지그로 2번지(15구)

예술가들을 위한
복합 공간

La Ruche, 2,
passage de Dantzig(15th arrondissement)

1900년 귀스타브 에펠Gustave Eiffel은 파리 만국박람회를 위한 임시 시설로 와인홀을 설계했습니다. 2년 뒤 이 와인홀은 박람회에 설치됐던 다른 임시 구조물들의 건축 자재와 함께 20세기 파리에서 가장 활기찬 예술가 공동체 중 하나로 변신하지요.

건축 폐자재들을 꿰맞춰 지은 라 루쉬La Ruche(프랑스어로 '벌집'이라는 뜻)는 둥근 생김새 때문에 붙여진 이름입니다. 작은 골목길에서 조금 떨어져 있는 이 3층 건물은 샤갈, 레제, 디베라, 모딜리아니, 콘스탄틴 브랑쿠시Constantin Brâncuși 같은 위대한 예술가들이 살았던 곳이자 (오늘날에도 이어지고 있는) 몽파르나스에서 일하는 파리 예술가들의 전통을 창조한 장소랍니다.

만국박람회가 끝나자 부유한 조각가 알프레드 부쉐Alfred Boucher는 몽파르나스 남서쪽 가장자리의 값싼 땅과 함께 박람회 때 사용됐던 건축 폐자재의 일부를 사들였습니다. 자선 사업가 기질이 있었던 부쉐는 항상 자신의 부를 동료 예술가들과 나누고 싶어했어요.

그래서 몽파르나스의 토지에 박람회의 건축 자재를 활용해 예술가들이 재정적으로 감당할 수 있는 주거-작업 복합 공간을 창조했습니다. 전시·공연을 위한 공간이면서 수목이 가득한 안마당도 있는 이곳은 예술가들이 함께 거주하며 사교하는 공동 임차 주거지의 모델이 된 것이죠.

　건물주인 부쉐는 그의 예술가 세입자들이 아주 저렴한 월세마저 제때 내지 못할 경우 사정을 봐주곤 했습니다. 돈이 없을 때는 흔히 작품을 월세 대신 받아 주었거든요. 곧 유럽 전역에서 많은 예술가가 라 루쉬로 모여 들었습니다. 러시아 예술가 핀쿠스 크레메뉴Pinchus Kremegne가 1912년 처음 파리에 도착했을 때, 프랑스어로 "파사주 당지그Passage Dantzig" 단 두 단어만 할 수 있었다는 일화는 유명하죠. 그는 이 두 단어로 라 루쉬까지 찾아갔고 파리 전위 예술계의 일원이 됐습니다.

　라 루쉬의 생활은 매우 간소하지만 매력적이었답니다. 예술가 세입자들은 수도도 없고 부엌도 없는 작은 침실 겸 작업실에 살았고 끼니는 거리를 걸어 내려가 마리 바실리에프의 작업실-식당에서 해결했습니다. 시설은 빈약해도 이곳에 거주하면 예술가 공동체의 국제적인 분위기 속에서 독특한 영감을 누릴 수 있었어요. 샤갈은 1911년에 그린 아름다운 작품 〈3시 반Half-Past Three〉◆에 라 루쉬의 일상을 담았습니다. 늦은 밤 예술가 공동체의 친구들이 작업실에서 대화를 나누는 모습이죠.

　라 루쉬는 두 번의 세계대전을 겪는 어려움 속에서도 계속 번창했습니다. 이곳의 시설을 개선하고 보존하기 위해 후원한 사르트르, 칼더Calder 같은 여러 예술가와 작가들 덕분이죠.

　라 루쉬는 라 루쉬세이두La Ruche-Seydoux 재단의 관리 아래 지금도 운영 중입니다. 매년 약 50명의 예술가가 이곳에서 지원받아 대중들을 대상

으로 한 전시회와 다양한 행사를 열고 있어요. ❀

◆ 이 그림은 '시인'이라는 제목으로 불리기도 한다.

VILLA DES ARTS
15, RUE HÉGÉSIPPE-MOREAU • 18ᵉ

빌라드 아르

📍 에제시프 모로가 15번지(18구)

파리 예술가를 위한
꿈의 거주지

Villa des Arts, 15,
rue Hégésippe-Moreau(18th arrondissement)

몽마르트 공동묘지의 부속 건물인 빌라 드 아르Villa des Arts는 과거와 현재의 경계를 허무는 유명한 공동 주거지입니다. 어느 한적한 거리 끝 막다른 곳에 있는 철문을 지나면, 빛으로 가득한 작업실들이 굽은 골목을 따라 늘어서 있는 예술가 마을이 나타납니다. 이곳에서 많은 예술의 역사가 쓰였고, 지금도 창의성이 흘러넘치죠. 1890년 이래로 다양한 분야의 예술가가 파리시의 지원을 받는, 이 미로 같은 복합 주거 공간에 모여 함께 생활하며 창조적 작업을 지속하고 있습니다.

빌라 드 아르는 수 세대 동안 궤레Guéret 가문의 소유였습니다. 궤레 가문은 1888년 건축가 앙리 캄봉Henri Cambon에게 의뢰해 만국박람회에서 나온 건축 폐자재들로 예술가들의 주거-작업을 위한 복합 공간을 건축했죠. 궤레 가문은 캄봉이 이 복합 공간을 파리 예술가들의 꿈의 주거지로 만들 수 있도록 최대한의 창조적 자유를 허용했습니다. 캄봉은 안마당을 감싸는 형태로 주거와 작업 공간들이 배치된 2층짜리 건물을 지었는데, 각 가구마다 긴 전면 창이 있고 일부는 천장 채광창이 있는 곳도 있어요. 빌라 드 아르에 거주했던 거장들도 여럿이랍니다. 르누아르는 1892년에서 1896년까지, 세잔은 1898년에서 1905년까지 이곳에서 작업했지요. 특히 세잔은 안마당이 내려다보이는 이곳 작업실에서 미술품 거래상 암브로즈 볼라르Ambroise Vollard의 초상화를 그렸죠.

오랫동안 예술가들은 빌라 드 아르를 찾아왔습니다. 이곳 스튜디오들의 풍부한 빛과 거주하는 예술가들이 이뤄 놓은 공동체 때문이죠. 프랑시스 피카비아Francis Picabia, 라울 뒤피Raoul Dufy, 장 뒤피Jean Dufy, 마르셀 장Marcel Jean은 이곳에 세 들어 살았고 예술가의 작업실을 방문하러 온 달리, 폴 엘뤼아르Paul Éluard, 스타인, 브레통은 빌라의 안마당에서 자주 볼 수 있었습니다.

궤레 가문은 2005년 빌라 드 아르를 매각했습니다. 그 후 세입자들이 이곳을 재건축하려는 개발업자들에 맞서 싸웠어요. 결국 파리시가 개입해 빌라 드 아르를 보존하고 보호하기로 합니다. 파리시가 인수하고 나서 개보수 작업이 이뤄진 끝에 현재의 빌라 드 아르는 40개의 작업실과 15개의 주거-작업 공간을 갖췄습니다. 이전보다 더 많은 작업실로 나뉘어졌지만 개별 스튜디오들은 여전히 꽤 넓은 편이에요.

발라의 구석구석이 과거를 들여다볼 수 있는 훌륭한 창이기는 한데, 이곳 분위기는 현대적인 창조 정신으로 가득하답니다. 화가·조각가·사진가·그래픽 디자이너·영화 제작자·건축가·작가·음악가 등 현재 이 빌라에 살고 있는 다양한 분야의 예술가들은 각종 행사를 통해 자신의 작업실을 찾은 방문객과 어울리며 여러 아이디어와 비평, 기념할 일들을 함께 나누고 있습니다. ✳

VILLA SEURAT
RUE de la TOMBE-ISSOIRE • 14e

빌라 쇠라

📍 드 라 톰비소와르가(14구)

돌바닥이 깔린
막다른 골목에 들어서면

Villa Seurat at rue de la Tombe-Issoire(14th arrondissement)

몽파르나스에서 가까운 몽수리 공원Parc de Montsouris 구역에는 돌
바닥이 깔린 독특하고 분위기 있는 막다른 골목이 하나 있습니다. 이곳은
1920년대에 잘나가는 예술가와 작가들이 살았던 동네죠. 점묘법으로 유명
한 19세기 화가 조르주 쇠라Georges Seurat의 이름을 따 빌라 쇠라Villa Seur-
at로 명명된 이 짧은 골목은 1926년 건축가 앙드레 뤼르사André Lurçat가 현
대 건축의 신호탄이자 예술가들의 주거-작업을 위한 도시 속 오아시스를 목
표로 조성한 것입니다.

1920년대에 몽파르나스의 카페들은 창조적 활동의 중심지였습니다.
이 지역의 인기가 높다 보니 주거난이 심해졌고 몽파르나스 인근에서는 괜
찮은 아파트를 구하기가 어려워졌죠. 그 당시 뤼르사는 이미 미래지향적인
디자인으로 파리의 전위 예술가들 사이에 잘 알려져 있던 인물이었습니다.
많은 예술가, 작가 친구들이 몽파르나스에서 적당한 숙소를 찾기 힘들다고
하소연하자, 뤼르사는 몽파르나스 남쪽에 방치된 작은 땅 한 뙈기를 사서 친
구들을 위한 맞춤형 빌라를 짓기 시작했어요.

그렇게 건설된 빌라 쇠라는 성공 가도를 달리는 여러 작가와 예술가들의 거주지가 됐을 뿐 아니라 인상적인 현대 건축의 사례로 많은 찬사를 받았습니다. 이 골목에 있는 스무 채의 집 중 여덟 개를 뤼르사가 설계했는데, 큐비즘과 아르 데코, 인더스트리얼industrial 스타일 등 각기 다양한 양식으로 지었고 모두 기능적이면서도 아름답습니다. 그중에서도 가장 섬세한 작품은 4번지의 집으로 직물 디자이너인 루르사의 동생 장이 살았습니다. 7번지의 집은 1926년 오귀스트 페레Auguste Perret가 러시아 태생 조각가 샤나 오를로프Chana Orloff를 위해 설계했는데, 이 집에 있는 오를로프의 작업실은 역사적 유적지로 보존돼 있답니다. 일반인들도 예약을 통해 방문할 수 있어요.

작가 헨리 밀러Henri Miller는 한때 금서였던 유명한 소설 《북회귀선Tropic of Cancer》을 1930년대 초 이 골목의 18번지 집에서 집필했습니다. 이 집은 소설 속에서 빌라 보르게제Villa Borghese라는 이름으로 등장하기도 하죠. 밀러의 연인 아나이스 닌Anaïs Nin도 이 집에서 살다가 이사 나가기를 반복했고, 친구인 수틴Soutine은 꼭대기 층에 작업실을 가지고 있었어요. 달리는 1932년에 이 골목 입구의 모퉁이 집에서 (정확하게 말하면 이 집 주소는 드 라 톰비소와르가rue de la Tombe-Issoire지만) 부인 갈라와 함께 살았는데, 사진작가 브라사이Brassaï가 바로 여기서 아직 미완이던 조각 〈회고하는 어느 여인의 흉상Retrospective Bust of a Woman〉과 함께 달리 부부를 담은 유명한 초상 사진을 찍었답니다.

오늘날의 빌라 쇠라는 아주 한적한 곳이어서 과거의 흔적을 찾아가 보고 싶다는 분에게만 추천드려요. 이 골목의 집들은 현재 보호받는 유적지들이고 대부분 예술가·작가들이 살고 있거나 과거 이곳에서 창조의 마술을 만

들어냈던 거장들과 관련된 몇몇 재단이 자리 잡고 있습니다. ※

VINCENT VAN GOGH HOME
54, RUE LEPIC • 4th FLOOR • 18e

빈센트 반고흐의 집

📍 레픽가 54번지 4층(18구)

반고흐를
미술의 세계로 이끈 곳

**Vincent van Gogh home, 54,
rue Lepic, 4th floor(18th arrondissement)**

언젠가 몽마르트의 어느 카페 바깥에 앉아 있었어요. 한 무리의 사람들이 길 건너 낡은 파란 현관문 앞에서 열심히 셀카를 찍고 있더군요. 파리에는 아름다운 문들도 많고 안으로 들어가면 그보다 더 아름다운 중정들도 많은데, 그 조잡하게 색칠된 문에 특별한 무언가가 있었던 걸까요?

그 파란 문과 안에 있는 또 다른 문을 지나 계단을 몇 층 오르면 젊은 반고흐가 1886년부터 1888년까지 동생 테오Theo와 살았던 곳이 나옵니다. 미술품 거래상이었던 테오는 형 빈센트에게 이 도시의 활기찬 예술 세계를 소개해주려고 그를 파리로 불렀습니다. 두 사람은 몽마르트에 있는 이 방세 개짜리 아파트로 이사 오기 전에는 잠시 라발가rue Laval에 있는 작은 원룸에서 같이 살았어요. 함께 사는 동안 형제 사이는 껄끄러워졌습니다. 빈센트가 매우 어수선하고 사교적인데다 수시로 예술가 친구들을 집에 데려왔기 때문이죠. 하지만 몽마르트에서 동생과 함께 산 2년 동안 빈센트는 무려 224점이나 되는 작품을 그리며 매우 생산적인 시기를 보냈습니다. 자신의 침실 창문으로 내려다본 풍경을 그린 우중충한 〈물랭 드 라 갈레트 Le Moulin de la Galette〉를 포함해서 말이죠. 빈센트와 테오가 일본 판화들을 수집하기 시작한 것도 바로 여기에 살고 있을 때였습니다.

몽마르트에 살면서 빈센트는 미술 세계에 깊이 발을 들입니다. 다른 위대한 화가들도 알게 됐죠. 드 클리시대로boulevard de Clichy에 있는 페르낭 코르몽Fernand Cormon◆의 미술 학교를 다니며 로트렉을 처음 만났고, 그 뒤로는 카페의 예술가들 모임에서 모네, 피사로, 고갱을 알게 됐습니다. 상업적으로는 전혀 성공을 거두지 못했지만, 그의 작품은 계속 발전했고 주변의 인상주의자들로부터 다양한 영향을 받아들이기 시작했어요.

그러나 1888년 무렵, 빈센트는 도시 생활에 피로를 느끼고 남부의 빛을 찾아 아를로 떠나게 됩니다. ※

◆ 프랑스의 화가이자 극작가인 외젠 코르몽의 아들. 카바넬의 제자로 연례 프랑스 국전(살롱전)에서 여러 번 뛰어난 성적을 거뒀고, 이를 통해 얻은 명성으로 미술 학교를 열어 신진 화가들에게 미술전에서 좋은 평가를 받는 비법을 가르쳤다.

6장

지하철을 타고

파리의 지하철망은 넓은 지역에 걸쳐 있으면서도 효율적입니다.
전 세계에서 가장 붐비는 지하철 중 하나지만
놀랄 만큼 깨끗한 편이죠. 아직도 많은 파리 지하철역 입구들이
엑토르 귀마르의 아르누보 디자인을
그대로 유지하고 있을 정도니, 예술을 경험하는 공간으로
지하철역이 활용된다는 게 그리 놀라운 일은 아닙니다.
지하철에 올라 손잡이를 잡고 서 있으면 박물관 인근의 역에서는
승강장을 따라 다양한 조각품과 전시회 홍보용 미리보기를 접할 수도 있고,
일부 역에는 현대미술 작품이나 실감형 환경Immersive environments◆ 설치물도 있어서
여러분이 이동하는 시간을 좀 더 흥미롭게 해준답니다.

◆ 흔히 가상현실Virtual Reality이라 부르는 컴퓨터 그래픽 기술을 활용한 3차원 재현 기술

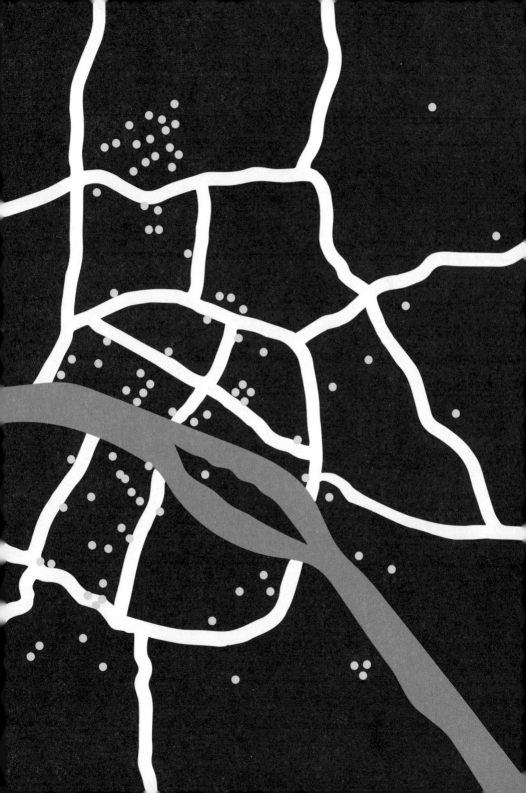

AUGUSTE RODIN
The Thinker & Monument to Balzac Copies
PLATFORM at VARENNE MÉTRO • LINE 13 • 7ᵉ

오귀스트 로댕, 〈생각하는 사람〉, 〈발자크 기념비〉 복제품

📍 지하철 13호선 바렌역 승강장(7구)

로댕 미술관을
맛보고 싶다면

Auguste Rodin The Thinker(Le Penseur) and Monument to Balzac copies,
Platform at Varenne Métro station, Line 13(7th arrondissement)

바렌역은 파리의 권력 중심지와 가까운 곳으로 잘 알려져 있습니다. 프랑스 총리의 공관인 마티뇽 저택이 역 앞에서 바로 길을 따라 내려가면 나오는 데다 다른 정부 부처들도 주변에 많지요. 게다가 바렌은 77번지에 위치한 로댕 미술관과 가장 가까운 지하철역이기도 합니다. 로댕 미술관은 로댕의 작품 수천 점을 포함해 끌로델Camille, 반고흐, 모네와 르누아르의 작품들도 보유하고 있습니다. 13호선을 타는 여행자들은 지하철표 한 장 가격으로 바렌역에서 로댕 미술관의 홍보용 작품을 즐길 수 있어요.

승강장 한 끝에서 심각한 포즈로 영원히 지하철을 기다리고 있는 남자는 로댕의 가장 유명한 작품 〈생각하는 사람The Thinker〉의 복제품입니다. 원작은 1881년 '시인The Poet'이라는 제목으로 제작됐는데, 제목으로 짐작할 수 있듯이 단테 알리기에리Dante Alighieri를 조각한 거라고 하네요. 하지만 결국에는 모든 위대한 사상가들을 표현한 작품이 됐습니다. 로댕 미술관의 정원에 서 있는 원본보다 훨씬 작은 바렌역의 이 복제품은 1978년에 설치됐어요.

승강장 반대편 끝에는 로댕의 〈발자크 기념비|Monument to Balzac〉의 복제품이 있는데 원작은 1891년 프랑스 소설가 발자크의 서거(1850년)를 기리기 위해 제작됐습니다. 로댕의 이 작품은 오늘날 현대 조각의 진정한 효시로 미술사에서 높이 평가받지만, 당시에는 비판이 거셌지요. 발자크가 창립 회원이었던 프랑스문인협회Société des Gens de Lettres의 주문으로 제작된 이 조각은 여러 문제에 직면했습니다. 첫째는 로댕이 작품을 완성하는 데 턱없이 많은 시간을 소진했다는 점입니다. 원래 18개월 안에 끝내기로 해놓고 무려 7년이나 걸렸죠. 이렇게 오래 걸린 이유는 로댕이 발자크의 문학에 빠져들어 그를 실제 생김새대로 묘사하기보다 작가의 성격과 인성을 담아 표현하려 노력했기 때문이에요. 마침내 로댕은 50개도 넘는 습작을 거친 끝에 최종 완성작을 제출했지만, 문인협회는 이를 곧바로 거절합니다. 로댕은 수령을 거부당한 이 조각을 뫼동Meudon◆에 있는 자신의 집에 설치했죠. 로댕이 죽고 22년이 지난 1939년, 이 조각의 청동 주조본이 제작되어 라스파일대로boulevard Raspail와 몽파르나스대로boulevard du Montparnasse가 만나는 곳에 설치됐습니다. 청동상은 아직도 그 자리에 있어요.

바렌역에 있는 두 복제품은 로댕 미술관 전시물의 맛보기라 할 수 있습니다. 행인들이 지하철을 기다리는 동안 앉아서 이 중요한 작품들을 감상하며 음미해볼 기회를 제공한 것이죠. 루브르-리볼리 지하철역도 행인들이 즐길 수 있도록 루브르가 소장한 일부 작품의 복제본을 설치해놓았습니다. ※

◆ 파리 남서쪽 외곽에 있는 소도시

프랑수아 쉬텡, 〈미술과 공예〉

📍 지하철 11호선 아르 에 메티에역(3구)

노틸러스호의
선장이 되어

François Schuiten Arts et Métiers station,
Line 11(3rd arrondissement)

지하철 11호선 '미술과 공예역'의 승강장으로 내려가면 네모Nemo 선
장◆이 된 것 같은 기분을 조금 느낄 수 있어요. 1994년 역 이름의 기원이 된
박물관◆◆의 개관 200주년을 기념하기 위해 파리시는 미술과 공예역 11호선
의 승강장을 쥘 베른Jules Verne의 소설 《해저 2만리Twenty Thousand Leagues
Under the Sea》에서 튀어나온 듯한 모습으로 재단장했습니다.

베누아 피터스Benôit Peeters가 쓴 만화 소설 《미지의 도시들The Ob-
scure Cities/Les Cités obscures》의 작화가로 유명한 벨기에 예술가 프랑수아 쉬
텡François Schuiten은 스팀펑크steampunk◆◆◆ 미학을 기반 삼아 이 역을 복
합 설치 예술 공간으로 바꿔놓았죠. 큼직한 황동 리벳이 줄지어 박혀 있는
구부러진 구리 벽의 승강장에 서 있으면 아주 오래된 혹은 판타지 소설에 나
올 법한 잠수함의 내부에 있는 것 같습니다. 지하철 선로 위 천장에 돌출돼
나온 커다란 톱니와 기어들은 마치 노틸러스Nautilus호를 거대 오징어 무리
로부터 벗어나 안전한 해역으로 쏘아 보낼 준비가 된 것처럼 보여요. 승강장
을 따라 예술가와 디자이너들의 협업 그룹인 블루메틸렌Bleu Méthylène이 제

작한 여러 개의 둥근 창도 늘어서 있답니다. 이 둥근 창들은 지하철 승객들에게 우주에서 바라본 지구, 가공의 비행 기계, 고대의 물레바퀴를 비롯해 로켓, 달, 고전 건축물 등 각기 다른 풍경을 보여주고 있어요. ※

◆ 쥘 베른의 《해저 2만리》에 등장하는 최첨단 잠수함 노틸러스호 선장

◆◆ 1794년에 개관한 파리의 미술공예 박물관Musée des Arts et Métiers. 영어로는 산업디자인 박물관Industrial Design Museum in Paris으로 불린다.

◆◆◆ 증기로 작동하는 기계를 최첨단 기술로 상정한 공상 과학 장르

FRANÇOISE SCHEIN
Concorde
CONCORDE MÉTRO • LINE 12 • 1e

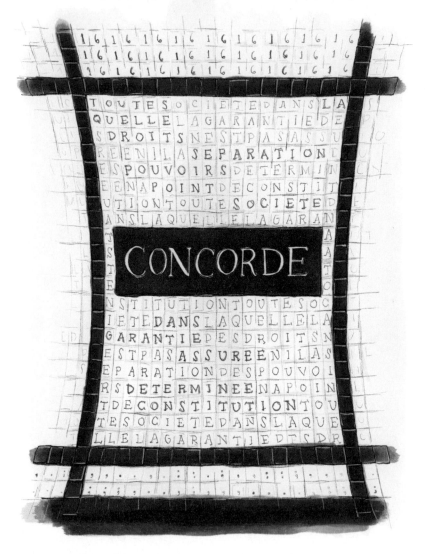

프랑수아 샤인, 〈화합〉, 1991

📍 지하철 12호선 콩코르드역(1구)

평등을 위하여

Françoise Schein, Concorde, ceramic tile, 1991,
Concorde Métro, Line 12(1st arrondissement)

통근하는 많은 사람으로 붐비는 지하철 콩코르드역에는 커다란 낱말 찾기 놀이와 인권에 대한 역사 강의, 그리고 예술이 하나로 결합된 볼거리가 있습니다. 1989년 벨기에 예술가 프랑수아 샤인Françoise Schein이 디자인해 1991년 완성된 〈화합Concorde〉이라는 이 작품은 기존의 평범한 지하철역 타일을 수많은 문자와 단어들로 바꾼 것이죠. 이 작품에 들어간 문자와 낱말들은 모두 1789년 프랑스혁명 때 라파예트 후작Marquis de Lafayette과 토머스 제퍼슨Thomas Jefferson이 작성해 배포한 〈인간과 시민의 권리선언the Declaration of the Rights of Man and of the Citizen〉에서 가져온 것입니다.

하지만 프랑스혁명의 선언문에서 나온 이 단어들은 보기 쉽게 배치되지는 않았어요. 문구를 알아보기 어렵게 하면서 작품 디자인에 통일성을 주기 위해 알파벳 사이사이에 띄어쓰기와 마침표들을 모두 생략했죠. 게다가 이 작품 속에서 단어 찾기를 해내려면 프랑스어를 잘 알아야 한답니다. "인권에 대한 무지, 망각과 경멸이 공공의 재난과 정부의 부패를 가져오는 유일한 원인이다l'ignorance, l'oubli ou le mépris des droits de l'homme sont les seules causes de malheurs publics et de la corruption des gouvernements", "인권이 보장되지 않거나 권력 분립이 이루어지지 않는 사회는 결코 헌법을 가지고 있다고 말할 수 없다Toute Société dans laquelle la garantie des Droits n'est pas assurée, ni la séparation des Pouvoirs déterminée, n'a point de Constitution"처럼 일부 중요한 문구들은 선명한 글씨로 강조하는데, 이는 이 작품을 보는 사람들에게 인권 선언문을 얼마나 이해하는지 혹은 선언문이 천명하고 있는 내용에 얼마나 공감하는지를 생각해보게 하려는 의도랍니다. 자기 타일 위에 개러몬드 체로 쓰인 이 작품의 알파벳 수는 총 4만 4,000개에 달한다고 하네요.

〈인간과 시민의 권리선언〉은 많은 사회에 지대한 영향을 주었고 전 세계적으로 평등한 인권 개념을 확립하는 데 중요한 사상적 기반을 제공했습니다. 물론 여러모로 큰 결함이 없었던 건 아니죠. 가장 대표적으로 이 권리선언은 노예제를 부정하지 않았고 백인을 제외한 모든 개인의 인권을 천명하지도 않았습니다.

샤인의 작품은 인권의 역사에서 중요한 두 가지 사건을 기념하기 위해 제작됐습니다. 프랑스혁명 권리선언문 반포 200주년과 1989년 11월 시작된 베를린 장벽 철거를 말이죠. 지하철을 기다리는 시간은 보통 몇 분에 불과하지만, 샤인은 자신의 작품이 이 역을 지나는 모든 사람에게 지적인 자극을 주길 원했습니다. ❇

GENEVIÈVE CADIEUX
The Milky Way
SAINT-LAZARE MÉTRO • BETWEEN LINES 14 & 9 • 9ᵉ

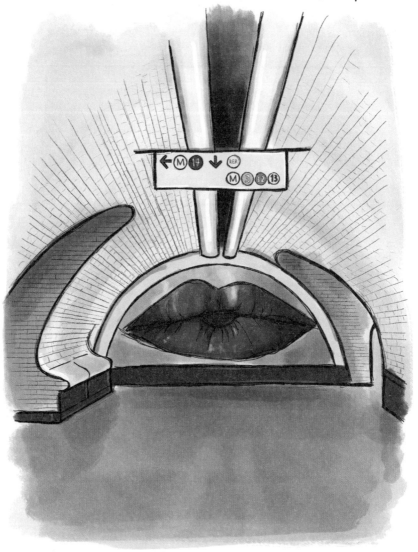

지네비에브 카디외, 〈은하수〉. 1992

📍생 라자르역 지하철 14호선과 9호선 사이(9구)

어머니의 입술에서
전해지는 지혜

Geneviève Cadieux, The Milky Way(La Voie lactée), mosaic, 1992,
Saint-Lazare Métro station(corridor between Lines 14 and 9)
(9th arrondissement)

생 라자르역 14호선에서 9호선으로 갈아탈 때, 그리고 반대로 9호선에서 14호선을 갈아탈 때, 여러분은 키스할 준비가 된 거대한 한 쌍의 붉은 입술을 마주치실 거예요. 프랑스계 캐나다 화가 지네비브 카디외Geneviève Cadieux의 〈은하수The Milky Way/ La Voie lactée〉는 1992년부터 몬트리올 현대 미술관the Montréal Museum of Contemporary Art의 꼭대기에 올라가 있는 몬트리올시의 아이콘과도 같은 작품입니다. 카디외의 입술들은 2011년 파리 지하철에 놓기 위해 지하로 옮겨져 반짝이는 모자이크로 재창조됐죠.

누구든 〈은하수〉를 처음 봤을 때 그 강렬한 첫인상을 잊기 어려울 겁니다. 두 입술이 지하철 두 노선을 연결하는 통로 끝 스팬드럴spandrel◆ 벽에 떠 있는 것처럼 보이기 때문이죠. 이 작품은 파리에서 두 번째로 분주한 지하철역을 지나는 수많은 인파의 움직임 사이로 살짝살짝 엿보일 뿐이랍니다. 리 밀러Lee Miller의 입술을 그린 만 레이의 초현실주의 회화에서 영감받아 만든 카디외의 입술들 원작(몬트리올)은 하늘의 신비한 정령 은하수처럼 심미안 있는 사람들의 시선이 닿지 않도록 하늘 높이 설치돼 있어요. 반면 파리 카디외의 입술들은 관찰자들이 세심히 살펴볼 수 있도록, 심지어 원하면 만져볼 수도 있도록 설치했습니다.

풍만한 입술들이 성적으로 도발하는 듯 보일 수도 있지만, 사실 카디외가 이 작품의 모델로 삼았던 것은 자기 어머니의 입술이었답니다. 어머니의 입술에서 아이의 귀로 전해지는 지혜라는 상징적 의미를 담은 것이죠. 〈은하수〉가 설치된 통로에는 프랑스계 캐나다 시인 안 에베르Anne Hébert의 시 한 편도 같이 쓰여 있습니다. 〈은하수〉와 에베르의 시는 파리시가 몬트리올에 기증한 귀마르의 아르누보 지하철역 입구 원작 한 점에 대한 답례로 파리 지하철에 증정한 것이랍니다. 한편 기증된 귀마르의 지하철역 출입구는 몬트리올의 빅토리아 광장-OACI역 입구에서 승객들을 맞이하고 있습니다.
✖

◆ 인접한 아치들이 천장이나 기둥과 이루는 세모꼴 혹은 부채꼴 면

HECTOR GUIMARD
Art Nouveau Métro entrances

엑토르 귀마르

📍 아르누보 양식 지하철 입구들

지하철에서 만나는
아르누보

건축가 귀마르의 손길은 파리 곳곳에서 느낄 수 있습니다. 귀마르는 자신의 작품에 아르누보를 적극 받아들였고 결국 그 자신이 이 장식 예술 스타일의 유산과 불가분한 관계가 되었죠. 그의 아르누보 건축은 카스텔 베랑제르Castel Béranger 같은 건물들에서도 찾아볼 수 있지만, 아마 가장 잘 알려진 디자인은 훨씬 더 평범한 공간, 즉 파리 지하철에서 접하실 수 있을 겁니다.

오늘날 우리는 귀마르의 지하철역 입구를 파리의 상징으로 여기지만 늘 그래왔던 것은 아니랍니다. 특히 아르누보를 시대에 뒤떨어진 낡은 양식으로 인식하던 1960년대에는 귀마르의 많은 지하철역 입구가 철거되기도 했죠. 심지어 귀마르가 살던 시대에도 일부 비평가들은 그가 디자인한 지하철역 입구가 주변의 벨 에포크 시대 양식 건물과 대비된다는 이유로 건축을 반대했습니다.

귀마르가 설계한 지하철역 입구 총 167개 가운데 오늘날까지 남아 있는 것은 66개입니다. 이 66개 중 가장 멋진 작품은 포르테 두핀역Porte Dauphine station인데 마치 풀밭 위에 도시의 유령처럼 떠 있어요. 서쪽으로 향하는 지하철 2호선의 마지막 역인 포르테 두핀은 역의 입구도 파리의 도시 구역들 속에 섞이지 않고 외로이 홀로 서 있는 듯 보입니다. 그렇지만 여기야말로 귀마르의 작품을 주변 방해 없이 오롯이 감상할 수 있는 곳이죠. 특히 재건축하지 않아 '잠자리' 지붕 원본이 남아 있는 역은 이곳이 유일합니다. 포르타 두핀역 내부에는 20세기로 접어들던 시절 파리의 장식 예술이 어땠는지를 엿볼 수 있는 아르누보 문양의 벽들이 줄지어 있습니다. 귀마르의 디자인은 큰 것부터 작은 것까지 크기도, 모양도 다양하기 때문에 남아 있는 다른 역 입구들을 찾아보는 일도 재밌을 거예요.

뜻밖에도 귀마르의 작품 원본 중 일부는 전 세계 다른 도시들에서도 만날 수 있답니다. 모스크바, 멕시코, 리스본은 물론이고 뉴욕 현대미술관the Museum of Modern Art in New York의 조각 안마당에도 있으니까요. ✖

JEAN-MICHEL OTHONIEL
Kiosk of the Nightwalkers
PALAIS-ROYAL MÉTRO • LINES 1 & 7 • 1e

장 미셸 오토니엘, 〈야간 보행자들의 키오스크〉, 2000

📍 지하철 1·7호선 루아얄 궁전역(1구)

엄마의 보석상자로
들어가기

Jean-Michel Othoniel,
Kiosk of the Night Walkers(Le Kiosque des Noctambules), Murano glass,
aluminum, ceramic, 2000, Palais-Royal Métro Station(1st arrondissement)

　루브르의 데카당스 건축 그늘 아래에는 베네치아 카니발에 어울릴 법한 지하철역 입구 하나가 눈길을 끕니다. 장 미셸 오토니엘Jean-Michel Othoniel이 2000년에 설치한 〈야간 보행자들의 키오스크Kiosk of the Night Walkers/ Le Kiosque des Noctambules〉는 수많은 커다란 무라노Murano◆의 유리구슬 덕분에 밤에도 낮에도 반짝거리죠. 줄줄이 엮인 것처럼 다닥다닥 붙은 이 유리구슬들은 콜레트 광장Place de Colette의 루아얄궁 지하철역 입구를 두 개의 왕관 모양 돔으로 덮고 있습니다. 두 돔은 800개의 (입으로 불어 만든) 수공예 유리구슬로 돼 있는데 붉은색·노란색 등 따뜻한 색조를 띤 돔은 낮 시간 여행자들을 상징하고 푸른색·보라색 등 차가운 색조를 띤 돔은 야간 통행자들을 의미한다고 하네요.

　오토니엘은 커다란 유리구슬을 활용해 귀금속 같은 느낌을 주면서 관람자들을 어리둥절하게 하는 조각들을 자주 제작해왔습니다. 세심한 관람객들은 그의 많은 작품을 통해 어린 시절 엄마의 보석상자를 들여다보던 기억을 떠올렸을 거예요. 루아얄궁전역 출입구를 감상하는 가장 좋은 방법은 콜레트 광장에 늘어서 있는 근처 카페 중 한 곳에 앉아 칵테일이나 에스프레소 한 잔을 마시며 바라보는 것이랍니다. ❉

◆ 베네치아를 이루는 섬 중 하나로 중세부터 유리 제조업으로 유명하다.

7장

존경하는 예술가들을
참배하기

공동묘지를 거닐며 오후를 보낸다는 게
꼭 음습한 걸 좋아하는 취향을 만족시키기 위한 행동인 것만은 아닙니다.
공동묘지는 파리 문화유산의 중요한 일부이면서
장식으로 가득한 도시의 야외 조각 공원 역할도 합니다.
도시 구석구석에 자리 잡고 있는 이 공동묘지들의 구비구비 그늘진 길마다
예술가부터 작가, 정치인에 이르기까지 여러 친숙한 이름을 기리는
기념물로 가득하답니다. 관광객은 물론이고 현지 주민도
자신에게 깊은 감동이나 영감, 영향을 준 이들이 영면한 곳을 찾아와 헌사를 바치죠.
파리에는 주요 공동묘지가 네 군데 있습니다.
북쪽의 몽마르트, 남쪽의 몽파르나스, 동쪽의 페르 라셰즈,
서쪽의 파씨 공동묘지가 그것이지요. 각 묘지마다 고유한 특징과 경관을 지녔고
네 곳 모두 여러 유명인이 안장되어 있습니다.
그래서 그들의 다양한 팬들이 자신의 우상이 묻힌 곳을 보려고 찾아온답니다.

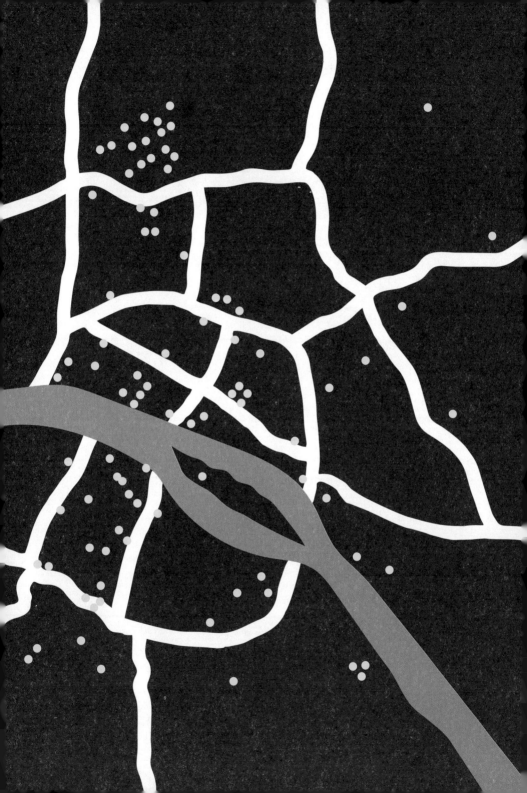

PÈRE LACHAISE
16, RUE du REPOS • 20ᵉ

OSCAR WILDE

페르 라셰즈

📍 두 레포스가 16번지(20구)

파리 예술가들의
공동묘지

Père Lachaise, 16,
rue du Repos(20th arrondissement)

파리에서 가장 크고 방문객이 가장 많은 공동묘지 페르 라셰즈Père Lachaise에는 짐 모리슨Jim Morrison과 오스카 와일드Oscar Wilde가 묻혀 있습니다. 매년 약 300만 명이 이곳을 방문하는데 그 중 상당수가 그룹 도어즈Doors의 리드 싱어 짐 모리슨의 무덤을 보러 오지요. 사실 모리슨의 팬들은 묘지 직원들이 썩 반기는 방문객은 아니에요. 일부 팬들이 이곳에서 위스키를 마시거나 대마초를 피우고 심지어는 모리슨의 묘 근처에서 성관계를 하는 경우도 있거든요. 이 때문에 묘지 관리소 측이 이들을 감시하려고 경비원까지 고용했답니다. 1990년에는 파리에서 길을 건너다 차에 치어 사망한 영향력 있는 펑크 밴드 데드 보이스Dead Boys의 보컬리스트 스티브 바토스Stiv Bators의 화장한 유골이 모리슨의 무덤 위에 뿌려지기도 했습니다.

와일드의 무덤은 모리슨의 경우와 완전히 다른 성향의 참배객들이 찾아옵니다. 많은 이들이 제이콥 엡스타인Jacob Epstein이 조각한 이 무덤의 기념물에 립스틱 키스 자국이나 낙서를 남기거든요. 그래서 와일드의 후손들은 날개 달린 나체의 스핑크스 기념물 위에 플렉시 글라스Plexiglas◆ 소재의 보호판을 덮었습니다.

미술사와 문화사에서 중요한 여러 여성도 이 묘지에 잠들어 있습니다. 프랑스 작가 콜레트, 가수 에디트 피아프Édith Piaf, 배우 사라 베른하르트Sarah Bernhardt, 미국 무용수 이사도라 던컨Isadora Duncan과 로이 풀러Isadora Duncan, 화가 로랑생, 미국 작가이자 미술 수집가 스타인과 그의 파트너 앨리스 토클라스Alice B. Toklas 등이죠. 예술사의 유명한 두 라이벌인 낭만주의 화가 들라크루아Delacroix와 신고전주의 화가 장 오귀스트 도미닉 앵그르Jean Auguste Dominique Ingres(비스듬히 누운 여인의 나체화 〈그랑 오달리스크Grande Odalisque〉가 대표작)도 여기 묻혀 있어요.

화가 모딜리아니는 연인 잔과 나란히 묻혀 있습니다. 모딜리아니의 아이를 임신 중이던 에뷔테른은 1920년 모딜리아니가 결핵성 뇌막염으로 사망하자 며칠 뒤 투신해 그의 뒤를 따라갔죠. 모딜리아니와 동거하는 걸 반대했던 가족들은 에뷔테른을 파리 교외에 묻었지만 10년 뒤 결국 이장을 허락했고 이후 두 연인은 영원히 함께하게 됐습니다. 그밖에도 페르 라셰즈에는 시인 겸 미술 비평가 아폴리네르, 시인 폴 엘뤼아르Paul Éluard, 화가 막스 에른스트Max Ernst 같은 초현실주의 예술가들도 여럿 잠들어 있답니다.

이곳에 묻힌 중요한 예술가들은 또 있어요. 아르누보 유리공예가 라리크Lalique, 무성영화 제작자 조르주 멜리에스Georges Méliès, 후기 인상파 화가 쇠라 등이죠.

나폴레옹의 궁정화가 자크 루이 다비드Jacques-Louis David는 심장만 여기에 묻혀 있습니다. 다비드는 후원자와 국외로 망명해 그곳에서 숨졌는데, 유해의 프랑스 입국이 거부되자 심장만 가져와 페르 라셰즈에 매장했습

니다. 그의 나머지 시신은 브뤼셀에 묻혀 있어요. ※

◆ 유리 대신에 사용하는 튼튼한 투명 아크릴 수지

몽파르나스 공동묘지

📍 에드가 퀴네대로 3번지(14구)

도시 한복판 녹색 휴게소

Montparnasse Cemetery, 3,
boulevard Edgar Quinet(14th arrondissement)

몽파르나스 묘지는 도시 한복판에 있는 녹색 휴게소 같은 곳입니다. 19헥타르가 넘는 공간에 펼쳐진 이 묘지는 나무들의 드넓은 집이죠. 피나무, 회화나무, 눈측백나무, 단풍나무, 물푸레나무와 각종 침엽수가 묘비 주변 길들에 그늘을 드리우고 있답니다. 이 묘지는 또한 온갖 다양한 양식의 아름다운 기념물들이 많은 것으로 알려져 있어요. 대표적으로 니키 드 생팔이 에이즈로 세상을 떠난 절친한 친구 두 사람을 위해 무덤 표식으로 만든 조각 두 점을 들 수 있습니다. 그중 하나가 옆에 있는 〈리카르도를 위한 고양이A Cat for Ricardo〉입니다. 조각가 콘스탄틴 브랑쿠시Constantin Brâncuşi는 아주 단촐한 묘비와 함께 이곳에 묻혀 있는데 반해, 다른 이들의 무덤에는 그의 작품 중 하나인 〈키스The Kiss〉가 놓여 있다는 점도 흥미롭죠.

〈키스〉는 1910년 자살로 생을 마감한 타티아나 라체브스카야Tatiana Rachewskaïa라는 러시아 여학생의 묘 위에 서 있습니다. 이 작품은 타티아나의 연인이었던 솔로몬 마베Solomon Marbais 박사가 브랑쿠시로부터 직접 구입해 세운 것입니다. 브랑쿠시의 작품이 오늘날 경매가로 7,000만 달러에 달하자 라체브스카야의 후손들은 공동묘지에서 〈키스〉를 가져가기 위해 수년간 법정 다툼을 벌이고 있답니다. 2018년에 상자로 이 작품을 덮어 놓았는데, 앞으로 〈키스〉가 몽파르나스 묘지에 영원히 있을지는 더 지켜봐야 할 것 같네요.

만 레이와 그의 아내 쥴리의 묘에는 이들 부부의 사진이 새겨져 있었는데, 2019년에 누군가에 의해 훼손됐습니다. 만 레이의 옛 애인이자 작품 모델이었던 키키 드 몽파르나스Kiki de Montparnasse의 유령이 이 공동묘지를 떠돈다는 이야기도 있어요. 비록 키키는 티에 공동묘지의 이름 없는 무덤에 묻혀 있다고 추정되지만 말이죠. 그의 연인이었던 철학자이자 소설가인 사르트르와 작가 보부아르는 수수한 무덤에 함께 누워 있습니다. 아방가르드 화가 수틴과 다다이스트 트리스탄 차라Tristan Tzara, 조각가 자드킨Zadkine도 이들 근처에 묻혀 있어요. ※

MONTMARTRE CEMETERY
20, AVENUE RACHEL • 18ᵉ

몽마르트 공동묘지

📍 라셸로 20번지(18구)

파리에서 고양이가
가장 많은 곳

Montmartre Cemetery, 20,
avenue Rachel(18th arrondissement)

외딴 언덕 서쪽의 옛 석고 채석장에 자리 잡은 몽마르트 공동묘지|Montmartre Cemetery의 부지는 파리의 다른 묘지들과 사뭇 다릅니다. 묘지의 유일한 입구는 코랭쿠르가rue Caulaincourt 아래에 나 있는데, 코랭쿠르가는 마치 다리 같아 이곳을 걸어서 지나는 방문객들은 그 위에서 공동묘지를 내려다볼 수 있답니다. 심지어 묘지 안 여러 영묘들mausoleums은 코랭쿠르가의 밑바닥에 닿아 있지요. 이곳은 몽파르나스에서 살았던 예술가들의 묘지가 되기 전인 프랑스혁명기부터 집단 매장지로 이용됐던 장소입니다. 그 시절에 묻혔던 시신들은 후에 지하 납골당으로 옮겨졌지요. 몽파르나스 묘지는 또한 고양이들이 많은 곳으로도 잘 알려져 있기 때문에 무덤 위에 한가로이 누워있는 고양이들을 자주 볼 수 있어요. 인접한 이웃 지역들처럼 이 묘지는 높낮이가 제각각인 지대 위에 자리 잡고 있어서 크고 작은 구역들은 계단으로 서로 연결돼 있습니다.

유명한 캉캉 댄서이자 로트렉의 많은 그림에서 모델이었던 베베르◆의 묘는 공동묘지 입구 근처의 회전 교차로변에서 방문객들을 맞이하죠. 베베르는 "라 구뤼La Goulue"라고 불렸는데, 물랭루즈에서 춤을 추면서 손님들의 음료를 낚아채 들이켜던 행동 때문에 붙은 별명입니다.

가수 달리다Dalida의 묘에는 조각가 아슬란이 조각한 실물보다 큰 무덤 주인의 전신상이 서 있습니다. 아슬란은 달리다 광장에 있는 흉상도 제작했어요. 아들 알렉상드르 뒤마Alexandre Dumas fils(베르디Giuseppe Verdi 오페라 〈라 트라비아타La Traviata〉의 원작 소설 《카미유Camille》의 작가)도 자신의 등신대 석상 아래에 묻혀 있습니다. 《몬테크리스토 백작The Count of Monte Cristo》, 《삼총사The Three Musketeers》의 작가인 그의 아버지는 파리 판테옹Panthéon에 안장돼 있지요. 상징주의 예술가 모로의 무덤도 몽파르나스 묘지에 있습니다. 모로의 작품들은 그의 이름을 딴 파리 9구의 박물관에 가면 볼 수 있어요. 드가도 이곳에 있는데, 그의 원래 성은 드 가de Gas였습니다. 예술가로 활동하면서 드가Degas로 바꿔 쓰기 시작했죠. 드가의 무덤에는 그의 초상화가 새겨져 있어요. 가장 최근에 이곳에 잠든 유명인은 패션 디자이너이자 아르누보 예술품 수집가인 가르뎅으로 그는 2020년에 세상을 떠났습니다. ✖

◆ 프랑스 알자스 출신 댄서. 도발적이고 선정적인 춤으로 물랭루즈의 전성기를 이끈 무용수 중 한 사람

파씨 공동묘지

📍 두 코망당 쉴로징가 2번지(16구)

마네가
잠들어 있는 곳

Passy Cemetery, 2,
rue du Commandant Schloesing(16th arrondissement)

샹젤리제 거리와 가까운 데다 에펠탑 바로 아래에 위치한 파씨Passy Cemetery는 1820년 처음 조성됐을 당시 가장 귀족적인 공동묘지로 여겨졌습니다. 센강 우안에 거주하는 엘리트 계층의 구미에 맞춰 만들어진 곳답게, 이곳은 파리 공동묘지 중 유일하게 난방시설이 있는 대기실을 갖추고 있죠. 다른 세 묘지보다 훨씬 작지만, 파씨에는 인상주의 화가 마네가 잠들어 있는 것으로 유명합니다. 마네의 그림들은 오르세미술관에서도 가장 인기 있는 작품들에 속하죠. 이곳에 묻힌 다른 유명인들로는 패션 디자이너 위베르 드 지방시Hubert de Givenchy, 향수 제작자 자크 궤를랭Jacques Guerlain, 벨에포크 시대의 많은 예술가·작가들을 끌어모은 유명한 살롱의 주최자였던 작가 나탈리 클리포드 바니Natalie Clifford Barney 등을 들 수 있습니다. 바니는 당시 드물게 공공연히 알려진 레즈비언이었고 자신의 수많은 연애사를 시로 표현했답니다. ※

8장

미래의 아이콘

세월이 흘렀지만 파리는 여전히 많은 예술가의 활동 중심지입니다.
예술가들을 육성하고 현대미술을 후원하는 파리의 전통은
오늘날에도 예술가와 대중의 소통을 장려하는 크고 작은
다양한 프로그램을 통해 꾸준히 지속 중입니다.
또한 파리는 뉴욕처럼 미술관·박물관뿐 아니라 거리에서도 활발한
도시 예술 운동이 벌어지는 중심지 중 하나랍니다.
주요 예술 운동이 벌어지고 있는 시대의 한복판에 서 있다는 건
정말 진귀한 기회죠. 우리가 과거 미술의 역사를 어떻게 바라보는지
잠시 생각해보고 초현실주의자나 인상주의자들의 시대에 살았다면 어땠을지
상상해본다면 무슨 말인지 이해하실 수 있을 거예요.
도시 예술은 대중을 위한 흥미로운 예술 운동으로 주로 길거리에서
깊은 고민 없이도, 혹은 미술사에 대한 지식이 없이도 쉽게 즐길 수 있습니다.
자 그럼, 이제부터 미래의 미술사에 등장할 도시 예술 운동에 대해 함께 탐구해봅시다.

59 RIVOLI

59, RUE de RIVOLI • 1ᵉ

리볼리 59번지

📍 드 리볼리가 59번지(1구)

버려진 은행에서
꽃피운 예술

59 Rivoli, 59,
rue de Rivoli(1st arrondissement)

리볼리 59번지에는 불법 점유자, 19세기 은행 건물, 현대미술이라는 어울릴 것 같지 않은 세 조합이 만들어낸 동화 같은 이야기가 얽혀 있습니다. 1999년 옛 리옹 신용은행 옆에서 일하던 예술가 세 명은 이 버려진 은행 건물을 활용할 방안을 고민했어요. 세 사람인 칼렉스Kalex, 가스파르Gaspard, 브루노Bruno는 버려진 지 15년이 된 이 위압적인 6층 건물에 숨어 들어가 그곳에서 자신들의 예술 활동을 벌였습니다. 20년도 더 지난 지금까지 예술가들은 이 건물에 그대로 남아 있답니다. 예전과 달리 파리시에서 법적인 허가와 함께 재정적 지원도 받고 있죠.

리볼리 59번지는 지역 공동체의 예술가들이 수년간 버려졌던 건물을 청소하기 위해 모여 그 첫 문을 열었습니다. 자원봉사로 나섰던 예술가들은 죽은 새, 무너져 내린 벽, 주사기 등 온갖 쓰레기들을 치우고 건물 내부를 작업실·거주지·갤러리·공연장으로 바꿔놓았지요. 예술가들은 곧바로 이 버려진 공간의 사용권을 주장하면서 "로베르의 집에서, 자유로운 영혼Chez Robert, electron Libre"이라는 제목 아래 다양한 일탈 예술쇼renegade art show, 음

337

악회, 파티를 열었어요. 프랑스 정부가 강제 퇴거시키겠다고 위협했으나, 가스파르와 동료 예술가들은 변호사에게 도움받아 퇴거 명령을 묵살할 수 있었습니다. 처음 몇 해 동안 매년 4만 명이 이곳에서 열린 전시회들을 방문하며 언론에 큰 주목을 받았지만, 정부는 계속 예술가들을 쫓아내겠다고 위협했죠.

2001년 파리의 새 시장 베르트랑 델라노에Bertrand Delanoë의 지지로 리볼리 59번지 문제는 법적인 타협안에 도달했습니다. 파리 시청이 건물을 매입해 무너져가는 벽과 계단을 보수하고 건물 내부를 예술가 작업실과 전시 공간 30개로 개조했죠. 비록 불법 점유 시절에 충만했던 보헤미안 정신은 사라졌지만, 이제 예술가들은 감당할 만한 비용으로 같은 장소를 임대해 내쫓길 걱정 없이 작업할 수 있답니다.

오늘날 리볼리 59번지는 파리에서 가장 활발한 현대미술의 메카 세 곳 중 하나입니다. 매년 7만 명의 방문객들이 이곳에서 열리는 전시회와 음악회, 그리고 내부에 자리한 (창립 멤버 가스파르의 작업실 한 개를 포함한) 작업실 30곳에 찾아오죠. 건물 외부도 일종의 예술 작품이랍니다. 이곳에서 작업하는 예술가들이 순번제로 돌아가며 건물 외벽을 장식하거든요. 파리시의 공식적인 후원으로 DIY◆ 정신의 감동이 사라져 더 이상 예전 같은 마법을 느낄 수 없다는 점은 아쉽습니다. 하지만 작업실, 전시 공간, 음악회장 입장은 예전 그대로 언제나 무료랍니다. ❋

◆ 'Do it Yourself'의 약어로, 무언가를 직접 만들어내는 것을 뜻한다.

BELVEDERE of BELLEVILLE
27, RUE PIAT • 20ᵉ

6
NOTRE
DAME
DE
PARIS

TOUR
7
MONTPARNASSE

벨빌의 벨베데르

📍 피아트가 27번지(20구)

부서진 조각으로 만든
모자이크

**Belvedere of Belleville, 27,
rue Piat(20th arrondissement)**

파리에서 가장 높은 곳에 위치한 공원에 가면, 그 꼭대기에 혼자 앉아 멋진 도시 전경을 오롯이 즐길 수 있답니다. 파리 20구에 있는 벨빌 공원Parc de Belleville은 보통 인적도 드물고 관광객도 거의 없어요. 노동자와 서민이 주로 주거하는 지역인 벨빌의 언덕 위에 자리한 이 공원에는 무성한 꽃과 풀로 덮인 둔덕, 야외극장, 긴 폭포 분수가 있고 정상에는 예술 작품으로 가득해 낙원 같은 휴식처입니다.

공원 정상은 벨빌의 벨베데르Belvedere of Belleville◆라고 불리는데, 이곳에 길거리 예술로 장식한 반쯤 지붕이 덮인 파빌리온이 있습니다. 파빌리온의 기둥에는 프랑스 예술가 세스에게 의뢰해 동네 아이들의 모습을 그린 작품이 있었죠. 이 그림은 세월이 흐르며 비바람에 색이 바래 결국 지워야 했지만 이후 그 자리에 다른 예술가들이 주기적으로 새로운 작품을 그려 놓는 중입니다. 그렇지만 세스의 그림 중 일부는 파빌리온과 공원 아래 부분을 잇는 작은 야외극장 위쪽에 지금도 남아 있어요.

해발 107m인 벨빌 공원의 정상에서 내려다보는 전경은 장관입니다.

정면으로는 넓은 녹지 너머 검은색의 현대적인 몽파르나스 타워가 있는 구역까지 한눈에 보이고, 오른쪽 멀리로는 에펠탑도 눈에 들어오거든요. 이 경관은 지역 예술가들이 제작한, 커다랗고 반짝이는 모자이크 작품으로도 아름답게 재현돼 있습니다. 타일·그릇·거울·금속,·도자기 동물 인형, 단추·조개 껍데기 등 다양한 사물의 부서진 조각으로 제작한 이 모자이크는 파빌리온 양 끝의 기둥들과 만나서 각각 한 그루씩 나무를 이루죠. 두 기둥 사이 액자 같은 틀에 담긴 부분에서 모자이크가 묘사한 전경을 잘 들여다보면, 소르본·판테옹·루브르·오페라 가르니에 등 파리의 주요 건물의 위치가 표시돼 있습니다. 모자이크 작품은 파빌리온의 다른 기둥으로도 계속 이어집니다. 모두 벨빌 지역 공동체에 속한 예술가들이 만든 것으로, 방문객들에게 잘 알려지지 않은 이 지역을 소개하는 최적의 예술품 역할을 하고 있죠. ✖

◆ Belvedere는 원래 이탈리아어로 '좋은 경관'이라는 뜻이었으나, 현재는 전망 좋은 장소, 경치 좋은 곳의 전망대를 뜻하는 단어로 널리 쓰인다.

CHRISTIAN GUÉMY (C215)
Illustrious
AROUND THE 3rd & 5th ARRONDISSEMENTS

크리스티앙 게미(C215), 마레와 판테옹의 명사들

📍 파리 3·5구 곳곳

길거리에서 받는
역사 수업

Christian Guémy(C215), Illustrious(Illustres de Marais et Panthéon),
Around the 3rd and 5th arrondissements

흔히 길거리 예술가들이 대중에게 예술을 가져다주었다고 말합니다. "예술을 가져다준" 방식에는 여러 가지가 있습니다. 어떤 예술가는 자신의 스튜디오에서 하던 작업을 허가받은 벽에 이어감으로써 보통 박물관·미술관에서나 볼 수 있는 걸작을 대중이 접할 수 있도록 했지요. 또 어떤 예술가는 도시의 다양한 풍경을 담은 작품을 제작해 이를 본 사람들이 자신이 일하며 살아가는 공간에 대해 다시 생각해보게 합니다. 또한 어떤 예술가들은 벽화에서 자신의 이름이나 인스타그램에 올릴 만한 것들을 드러내길 원하는 사람도 있어요. 이외에도 다양한 유형이 있는데 그중 어떤 예술가는 거리 예술을 교육을 지속하는 수단으로 삼는답니다.

파리는 풍부한 역사를 가진 곳이라 이를 속속들이 탐구하기란 너무나 벅차죠. 로마시대 이후 이 도시에서는 정말 많은 일(수많은 전투가 벌어지고, 여러 왕국이 흥망성쇠했으며, 위대한 사상가들이 보다 나은 세상을 만들기 위해 계몽의 햇불을 들었죠)이 일어났기 때문에 그 역사를 모두 공부하려면 평생이 걸릴 수도 있습니다. 그중 무엇을 먼저 알아야 하는지를 정하는 것도 쉽지 않은 문제죠. 이때 많은 박물관 중 한 곳을 찾아가는 게 좋은 출발점이 될 수 있습니다. 길거리에서 먼저 역사 수업을 시작할 수도 있고요.

C215라는 이름으로 활동하는 예술가 크리스티앙 게미Christian Guémy는 노숙자, 난민, 거리의 아이들, 노인 같이 사회에서 흔히 소외된 사람들을 묘사하며 목소리 없는 이들을 대변하는 정교한 스텐실stencil 초상화를 제작해 유명해졌습니다. 그는 또한 고양이, 정치인, 음악가, 배우, 친구, 자신의 아이들처럼 일상에서 만나는 이들도 그렸어요. 그의 초상화들은 파리와 다른 도시의 길거리는 물론이고 박물관·미술관에서도 찾아볼 수 있습니다. 그는 프랑스의 위인들을 포함해 역사 속 인물도 작품 대상으로 선호하는데, 이 덕분에 파리시와 협력해 제작한 초상화들이 많아요. 게미는 마레와 라틴 구역the Latin Quarter 곳곳에 파리의 과거사에서 중요한 역할을 했던 인물들의 얼굴을 진열해 거리에서 역사 수업을 할 수 있도록 했답니다.

프랑스는 자국의 위대한 인물들을 판테옹에 안장해 그들의 공로를 영원히 기려왔습니다. 게미는 판테옹을 둘러싼 거리들을 따라 놓인 여러 배전함과 우체통 위에 이 명예의 전당에 묻힌 28명의 위인 초상화를 다양한 색으로 그렸습니다. 과학자 마리 퀴리, 《레 미제라블》의 작가 위고, 《어린 왕자》를 쓴 생텍쥐페리 등이 그려진 이 초상화들은, 그곳을 지나가다 마주치는 보행자들이 그림 속 인물들에 대해 호기심을 갖고 더 공부해보도록 유도하기 위해 제작한 것이죠.

마레 지구는 17세기에 현대적인 석조 건물들과 산업 시설을 갖춘 파리의 중심이었습니다. 게미는 이 구역에서 살았거나 세상을 떠난 파리 역사에서 중요한 스무 명을 선정했고, 돌로 포장된 오래된 거리 곳곳에 그들의 얼

굴을 그렸어요. 평화의 수호자인 부르봉Bourbon 가문의 왕 앙리6세, 파란 스타킹의 원조인 작가 마담 드 스쿠데리Madame de Scudéry, 철학자 몰리에르Molière 등이 그중 대표적인 세 사람이죠.

많은 현대 예술가들이 작품을 구상할 때 역사를 참고하지만, 대개 제작된 작품은 시각적으로 [역사적] 맥락과 상관없이 보여집니다. 반면 게미는 자신의 작품으로 거리 예술을 사랑하는 팬들에게 문화유산과 역사에 열정을 갖도록 영감을 줌으로써 교육적인 효과를 거두고 있죠. 게미는 거리 예술 외에도 자신의 작업실에서 회화·스테인드글라스·조각 등도 만든답니다. ※

FLUCTUART
2, PORT du GROS CAILLOU • 7ᵉ

플뤽투아르

📍 그로 카이유 선착장 2번지(7구)

배이자 박물관이면서
야외 카페

Fluctuart, 2,
port du Gros Caillou(7th arrondissement)

플뤽투아르Fluctuart◆는 배이자 박물관이면서 야외 카페입니다. 앵발리드 다리Pont des Invalides 아래 선착장에 정박해 있는 플뤽투아르는 파리 최초로 도시 예술을 위한 공간이에요. 이곳에서 열리는 전시회와 각종 이벤트, 교육 목적의 워크숍, 예술가들의 간담회 등은 거리 예술이 그렇듯 지역 주민을 한 곳으로 모으는데, 놀랍게도 이 모든 행사가 무료랍니다.

파리시는 '센강을 재발명하다Reinvent the Seine'라는 프로젝트를 진행하기 위해 참신한 사업 아이디어를 공모했고, 건축 회사 센 디자인Seine Design과 플뤽투아르의 예술 감독들이 제안한 프로그램을 최종 선정했습니다. 자신들이 예술에 대해 갖고 있는 애정을 유리 바지선 카페에 결합해 방문객이 센강에서 새로운 방식으로 문화를 체험할 수 있도록 하자는 아이디어였죠. 도시 예술은 지난 20여 년 동안 파리를 이루는 일부로 녹아들어 왔습니다. 플뤽투아르는 바로 우리가 살고 있는 거리를 새롭게 보도록 해준, 뜨고 있는 장르인 도시 예술과 그 작가들에게 헌정할 수 있는 공간이 필요하다는 발상이 구현된 것이죠.

플뤽투아르는 3층으로 나뉘어 있는데, 층마다 각기 다른 방식으로 센강과 상호작용할 수 있도록 설계했습니다. 주 전시 공간은 가장 아래층에 있습니다. 부분적으로 센강에 잠겨 있는 1층은 관람객들이 예술에 깊이 잠기는 기분을 느낄 수 있도록 기획된 다양한 전시를 순서대로 돌아가며 엽니다. 전시 방법도 단순히 작품들을 벽에 걸어 보여주는 게 아니라 바닥부터 천장까지 공간 전체를 활용한 설치 예술 방식을 활용하죠. 이 전시 공간은 2019년 뉴욕 예술가 스운Swoon의 가상현실 전시물로 문을 연 이래 여러 작가의 단체 전시회를 주최해왔습니다. 그중 루브르에서 열린 레오나르도 다 빈치전을 재해석한 도시 예술 작가들의 전시회는 특히 인상적이었죠.

플뤽투아르 2층은 해링, 뱅크시Banksy, 인베이더Invader, 제이알JR과 그밖에 예술가의 작품을 포함한 영구 전시물들이 차지하고 있습니다. 또한 엄선된 작품들을 담은 영어·프랑스어 화보집을 파는 기념품점·서점뿐 아니라 작품을 감상하다 잠시 음료를 마시며 재충전할 수 있는 바도 하나 있어요.

꼭대기 층인 옥상은 굳이 도시 예술 애호가가 아니라도 얼마든지 즐길 수 있는 공간입니다. 배의 제일 위층 갑판 전체를 차지하는 실외 바와 레스토랑에서는 앵발리드 다리, 그랑 팔레가 한눈에 들어오죠. 매일 밤 플뤽투아르에서는 가까운 센강의 돌벽을 스크린 삼아 애니메이션 형식의 예술 작품들을 상영합니다. 물론 행인들도 무료로 감상할 수 있지요. ※

◆ 프랑스어의 동사 'fluctuer(떠다니다, 뜨다)'와 'art(예술, 미술)'을 결합해 지은 이름

LE MUR OBERKAMPF
105, RUE OBERKAMPF • 11e

오베르캄프 벽

📍 오베르캄프가 105번지(11구)

옛 광고판의
변신

Le Mur Oberkampf, 105,
rue(11th arrondissement)

거리 예술 작품은 대개 수명이 짧기에 더 값어치가 있죠. 새 작품이 등장하고 사라지는 것은 건물 주인이 변덕을 부릴 때, 특정 자리를 차지하기 위해 서로 경쟁하는 예술가들이 이전 작품 위에 그림을 그려 덮어버릴 때, 혹은 순전히 날씨에 의해 작품이 손상될 때에 달려 있습니다. 파리는 다른 도시들처럼 끊임없이 변화하는 멋진 불법 작품들의 야외 미술관이지만, 애호가들이 믿고 볼 수 있는 공신력 있고 합법적인 거리 예술 전시 공간의 본고장이기도 합니다.

가로수 그늘이 늘어 서 있는 오베르캄프가로부터 몇 걸음 떨어진 곳에 라 플라스 베르트La Place Verte라는 예스러운 카페가 하나 있습니다. 한 달에 두 번 이 카페의 단골들은 테라스에서 미술사의 일부가 될지도 모르는 장면을 목격하죠. 바로 옛 광고판이 갓 나온 따끈따끈한 현대 예술작품으로 탈바꿈하는 순간을 말입니다.

파리에서 벽화를 감상할 수 있는 장소들은 많지만 정해진 일정에 맞춰 예술가가 작업하는 모습을 지켜볼 수 있는 곳은 드물죠. 몇 주마다 한 번씩 해외에서 초대받은 예술가 한 사람이 오베르캄프가Oberkampf의 '그 벽Le Mur'에 벽화를 그립니다. [오베르캄프] 벽연합회Association Le Mur에 의해 기획된 이 새 벽화 작업은 행인과 카페 손님이 예술가가 며칠에 걸쳐 작품을 완성하는 과정을 목격하는 일종의 공연 현장이랍니다. 관람객들은 각 작가의 스타일과 기법이 진척되는 과정을 지켜보고, 벽화가 완성되면 비공식적인 소정의 축하연과 함께 마무리하죠. 2주나 그보다 조금 더 시간이 지나면 다른 작가의 다른 작품으로 같은 과정이 다시 시작됩니다.

2007년 이 벽이 벽화를 위한 공간으로 허가받은 이후 [이 책을 쓰고 있는 시점까지] 예술가 280명이 초청돼 '공연'을 했습니다. 이 중에는 로건 힉스Logan Hicks(뉴욕), 헤라쿠트Herakut(독일), 레카REKA(호주), C215(프랑스), 페페 탈라베라Fefe Talavera(브라질), 미스 반Miss Van(스페인), 셰퍼드 페어리Shepard Fairey(LA) 등 세계적으로 유명한 예술가들도 있어요.

오베르캄프 벽은 아름다운 파리의 거리에서 국제적인 예술가들의 작업을 구경하고 그들의 기법을 엿볼 수 있는 좋은 기회를 제공합니다. 벽연합회는 매 작품마다 제작 과정을 비디오로 기록하고 이를 편집해 몇 년에 한번씩 한 권에 묶어 출판합니다. 그 덕분에 거리 예술을 사랑하는 팬들은 단명한 이 벽화들이 사라진 한참 뒤에도 작품을 감상할 수 있죠.

파리에는 전 세계에서 온 예술가들이 작업할 수 있도록 허가된 벽이 여러 군데 있지만 아마 오베르캄프 벽이 가장 대표적인 장소일 겁니다. 예술 작품 한 점이 탄생하는 과정을 지켜보며 멋진 오후 시간을 보낼 수 있으니까요. ※

몰리토르 호텔, 파리

📍 눙제세르 에 콜리가 13번지(16구)

수영장 탈의실에
그려진 예술

Hôtel Molitor Paris— MGallery, 13,
rue Nungesser et Coli(16th arrondissement)

몰리토르는 100년 전 부유함의 상징이었습니다. 1929년 루시앙 폴레Lucien Pollet가 설계하고 유리 공예가 루이 바릴Louis Barillet의 스테인드글라스로 장식된 이 호텔의 멋진 수영장은 아르 데코 스타일의 원양 크루즈 여객선처럼 보이죠. 한때 이곳은 주목받기 위해 가는 수영장이기도 했습니다. 1946년 비키니가 처음 선보인 장소이자, 1970년대 여성들이 상의를 완전히 탈의하고 일광욕을 즐기는 유행이 성행했던 곳이기도 하지요. 그러나 안타깝게도 이곳은 버려지다시피 한 상태가 돼 1989년 문을 닫았습니다. 하지만 25년간 폐쇄된 몰리토르의 수영장은 새 생명을 얻었답니다. 그라피티와 거리 예술, 비밀 파티의 메카가 된 것이죠. 파리와 전 세계에서 예술가들이 찾아와 쇠락해가는 이 아르 데코의 보석에 자신의 작품을 그릴 기회를 누렸습니다.

2014년 이곳은 다채로운 과거를 기념하며 최신 스타일의 호텔로 거듭났어요. 원래 몰리토르 호텔Hôtel Molitor은 호텔이긴 했지만 리조트 같은 느낌이라 파리 시내에 있는 도심 속 은신처로 불렸습니다. 폴레가 만든 수영장 전면은 일부 손실됐지만, 장 부앵 경기장Stade Jean Bouin 쪽 밝은 노란색 부분은 개장 당시 거대했던 아르 데코 수영장의 모습 그대로 복원됐습니다.

　　몰리토르에 있던 예전 그라피키들도 복원 작업을 통해 사라지지 않고 거리 예술품 전시의 형태로 다른 자리를 찾았죠. 호텔의 로비와 개별 객실이 이 거리의 예술 작품들을 활용해 꾸며져 있답니다. 그러나 무엇보다 가장 흥미롭게 공간을 활용한 부분은 예전에 겨울 수영장의 탈의실이었던 곳을 거리 예술을 순환 전시하는 박물관으로 바꾼 것입니다. 78개의 탈의실 부스에는 각각 전 세계에서 온 거리 예술가들의 작품이 그려져 있어요. 호텔 곳곳에서 블렉 르 랏Blek le Rat, 눈카Nunca, 푸투라Futura, 인디184Indie184, 존원JonOne, 캐싱크Kashink 등 세계적인 작가들의 작품을 볼 수 있는 것이지요. 이 예술 부스들은 별도 예약을 통해 방문할 수 있고, 이 호텔에 투숙한다면 당연히 둘러보실 수 있습니다. ※

MURALS of the 13ᵀᴴ
13ᵉ ARRONDISSEMENT

13구의 벽화들

📍 파리 13구 여러 곳

벽화 거리로 바뀐
공장

Murals of the 13th arrondissement

뉴욕처럼 파리의 거리도 1970년대에 그라피티 예술이 등장한 이후 도시 예술가들의 캔버스 역할을 해왔습니다. 또한 전 세계 다른 곳들처럼 파리에서도 그래피티 작품들은 점차 미술관·박물관은 물론이고 특별 전시회 공간까지 점유해가는 중이죠. 사실 파리 어느 구에 가든 프랑스 예술가 인베이더의 벽화, 아트 포스터, 모자이크 작품을 볼 수 있어요. 하지만 이 작품들은 지속성이 짧아 다시 찾아갔을 때는 보기 어려울지도 모릅니다. 여러분이 거리 예술을 정식으로 허가받은 노동자-서민 구역에 사는 게 아니라면 말이죠.

파리 13구는 역사적으로 제조업의 중심지였습니다. 15세기에 문을 연 유명한 태피스트리 제조 공장 고블랭Gobelins과 수준 높은 고블랭의 부속 박물관도 이곳에 있지요. 1990년대 이래로 13구 일대는 서서히 현대 건축과 예술의 중심지로 탈바꿈해왔는데, 사실 그 시작은 1980년대라고 할 수 있습니다. 몇 명의 예술가가 옛 냉장고 공장을 점유해 많은 예술가가 입주할 수 있는 작업실 집합체로 바꿨죠. 지금은 르 프리고Le Frigo라고 불리는 이곳의 예술가들이 자신의 동네에 벽화를 그리기 시작했습니다.

2009년 파리 13구의 구청장 제롬 쿠메Jérôme Coumet는 이 지역 예술가들의 전통이 보다 영구적으로 이어지길 바랐죠. 그는 이티네랑Itinerrance을 포함한 지역 미술관들과 협력해 13구뿐만 아니라 세계 각국의 예술가들을 초대해 "영구적인"(건물 철거나 자연 손상 같은 예상치 못한 손실이 있을 수 있으니 잠재적으로 영구적이라고 가정한다는 뜻이에요) 벽에 그림을 그리게 하는 벽화 프로젝트를 창안합니다. 그렇게 제작된 벽화 중에는 20층 건물 높이와 맞먹는 것도 있어요. 쿠메의 프로젝트하에 셰퍼드 페어리, C215, 캐싱크, 패일리Faile, 힉스, 코너 해링턴Conor Harrington(356쪽 그림 참조) 등이 그린 많은 벽화는 13구를 일종의 야외 미술관 구역으로 바꾸었죠. 이 벽화들은 물론 지역 주민들에게 환영을 받았습니다. 벽화를 제작하고 있으면 동네 주민들이 음료와 간식거리를 들고와 작업 중이던 예술가에게 건네는 모습도 자주 보였죠.

이곳에는 각 작품에 대한 체계적인 정보를 듣고 싶은 사람들을 위해 도보 벽화 투어를 제공하는 여행사도 여럿 있습니다. 하지만 손에 커피와 크루아상을 들고 자유롭게 거닐면서 자유롭게 둘러보는 것도 좋아요. 이때 필요한 지도는 온라인에서 쉽게 구할 수 있답니다. ✠

PLAYGROUND DUPERRÉ
22, RUE DUPERRÉ • 9ᵉ

뒤프레 놀이터

📍 뒤프레가 22번지(9구)

예술·색채·스포츠가 하나 된
농구 코트

Playground Duperré, 22,
rue Duperré(9th arrondissement)

뒤프레가의 유서 깊은 두 건물 사이에는 완벽한 팬톤Pantone 색깔을 지닌 놀이터가 있습니다. 보라색, 짙은 청색, 자홍색 그라데이션gradations◆과 옥색turquoise이 길 건너 피갈Pigalle 농구 용품점을 내려다보는 빈 공간을 덮고 있는 곳이죠. 삼 면이 벽인 이 공간에는 마크 로트코Mark Rothko와 마이클 조던Michael Jordan이 하나가 된 듯한 꿈의 농구 코트가 있습니다. 예술·색채, 스포츠가 조화를 이루며 오래된 건물 사이에 낀 이 공터를 다른 세상에서 온 듯한 공간으로 바꿔놓은 셈이죠.

피갈 브랜드 쓰리Pigalle brand III 스튜디오(토마 수브레빌Thomas Subre-ville과 레오나르 베르네Léonard Vernhet)와 나이키가 협업해 만든 이 농구 코트는 보는 사람을 현실 세계에서 한 발 벗어나 색면 회화Color-field painting◆◆ 작품 안으로 빠져들게 합니다. 현재의 코트 색깔은 로트코의 평온함을 떠올리게 하지만, 원래 이곳은 러시아 추상주의를 염두에 두고 디자인했답니다. 수브레빌과 베르네는 코트의 첫 번째 버전을 칠할 때 러시아 예술가 카지미르 말레비치Kazimir Malevich의 1931년 작 〈스포츠맨Sportsmen〉이 지닌 그

역동성과 색채 배열에서 영감을 받았다고 합니다. 대담하게 원색들로 채색한 기하학적 구성이었죠.

　　이 코트는 농구 경기를 위해 조성된 곳이지만, 사실 그 크기는 규격에 맞지 않아요. 하지만 슛 쏘기 시합을 한다거나 단순히 색채 감각을 즐기기에는 충분하답니다. 이 농구 코트는 밝은 색감을 완벽하게 유지하기 위해 몇 년마다 한 번씩 새로 칠해집니다. ※

◆ 한 가지 색깔의 채도나 명도를 점점 높이거나 낮추는 방식으로 연이어 배열하는 것
◆◆ 구체적인 사물의 형태 없이 채색된 면만으로 구성한 추상화의 일종

탐방 동선 짜기

|

그냥 재미로 보세요. 퇴근 후 기분 전환을 위한 산책 코스,
친구와 오후 시간을 보내기 좋은 코스,
파리를 처음 접하는 사람들의 입문 코스 등에 대한 도보 경로입니다.
커피나 차를 들고 이곳에 소개된 경로들 중
하나를 따라 걸으며 예술을 즐겨보세요.

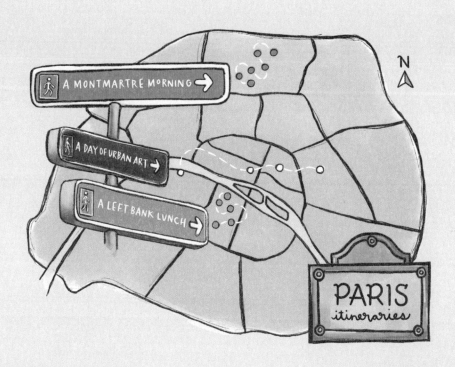

점심시간
센강 좌안 탐험

〈프로메테우스〉 → 〈아폴리네르에게 바치는 찬사〉 → 포티코 → 라 메디테라네 → 콕토
와 베라르의 작품 → 뤽상부르 공원 → 몽파르나스 → 카페 드 라 로통

지하철 생 제르맹 드 프레역에서 내려 보나파르트가를 따라 올라가
레스토랑 두 마고^{Deux Magots}를 지나면, 오십 자드킨의 〈프로메테우스〉가 있
습니다(생 제르맹 광장 6번지). 다시 역에서 바로 길 건너 교회 뒤에 있는 정원
을 들러 꽃 덤불 속에 서 있는 피카소의 〈아폴리네르에게 바치는 찬사〉를 찾
아보는 것도 잊지 마세요(생 제르망 드 프레 광장 1번지).

정원을 나와서 왼편으로 모퉁이를 돌아 생 제르맹대로를 따라가면 교
회 뒤편에 또 다른 정원이 있습니다. 정원에 들어가 반대편 끝으로 걸어가면
1900년 세브르 도자기 공방이 만든 커다란 아르누보 포티코가 있죠(생 제르
맹대로 168-2번지). 정원을 떠나 남쪽으로 걸어서 레스토랑 라 메디테라네(오
데옹 광장 2번지)에 가보세요.

이곳에서 장 콕토 J, 크리스티앙 베라르, 마르셀 베르테의 작품을 감상
하며 점심 특가 메뉴를 즐길 수 있죠. 식사 후에는 뤽상부르 공원에서 거닐
며 다양한 조각들을 감상하시는 것도 좋습니다. 식사 후의 나른함을 떨치고
원기를 되찾았다면 몽파르나스의 예술가들이 살았던 주소지들을 찾아다녀

보세요. 그 뒤에는 카페 드 라 로통(몽파르나스대로 105번지)에서 오후의 간식 시간을 갖는 것도 좋아요. ❇

몽마르트의
아침

아베쓰역 → 〈아이 러브 유〉 → 반고흐와 테오의 집 → 물랭 드 라 갈레트 → 〈벽을 통과해 걷는 남자〉 → 〈달리다〉 → 라 메종 로즈 → 몽마르트 박물관

아베쓰역을 나와서 귀마르가 디자인한 아름다운 지하철 입구를 잠시 감상해보세요. 바로 몇 미터 뒤에 있는 지앙릭투스 공원의 입구로 들어가면 〈아이 러브 유〉 벽을 발견하게 될 겁니다. 사진 찍어두는 것도 잊지 마세요. 공원을 나와서 아베쓰가를 따라 오른쪽으로 내려가면서 아기자기한 작은 상점, 카페, 식품점을 둘러보세요. 오른쪽으로 굽어진 르픽가를 따라 걷다 보면 54번지에 커다란 파란문이 있는 건물이 나옵니다. 반고흐가 동생 테오와 살았던 곳이죠. 계속 르픽가를 따라 걸으면 지라르동가와 만나는 지점에서 오래된 풍차를 위에 얹고 있는 물랭 드 라 갈레트에 도달하죠(르픽가 83번지). 지라르동가를 따라 계속 올라가 봅시다. 노르방가 26번지에서 〈벽을 통과해 걷는 남자〉, 달리다 광장에서 〈달리다〉 흉상을 보실 수 있어요. 드 라브루부아가로 내려오시면 2번지에서 유명한 라 메종 로즈(간식시간을 갖기 좋은 곳이죠)를 지나게 되고 계속 가다 보면 코르토가를 만날 겁니다. 멋진 몽마르트 박물관(코르토가 12번지)에 들러서 이 지역을 유명하게 만든 예술가들에 대해 알아보세요. 이 박물관은 예전에 발라동과 그의 아들 위트릴로 등 여러 예술

가가 살았던 집이고 그들의 작업실 모습이 그대로 복원돼 있답니다. 둘러보신 뒤에는 박물관 정원에 있는 카페에서 시원한 음료와 함께 잠시 휴식을 취해보는 것도 좋아요. 이 정원은 르누아르가 유명한 작품 〈그네〉와 〈물랭 드 라 갈레트의 무도회〉를 그린 장소랍니다. ※

도시 예술과
함께하는 하루

오베르캄프 벽과 라 플라르 베르테 → 마네 지구 → 퐁피두 센터 → ⟨스트라빈스키 분수⟩
→ 페어리와 아에로졸의 벽화 → 드 리볼리가의 설치 예술 → 플뢱투아르

오베르캄프 벽을 바라보며 라 플라스 베르테(오베르캄프가 105번지)에
서 점심식사하는 것으로 일정을 시작합니다. 어느 예술가가 한창 벽화 작업
을 하고 있을 때라면 더 좋겠죠? 다음으로는 C215가 그린 지역의 역사적 인
물들 초상화를 찾아 마레 지구 거리들을 돌아다녀 봅니다. 지나는 길에 곳곳
에서 인베이더의 모자이크를 포함해 다른 작가들의 여러 거리 예술 작품들
도 마주칠 수 있을 거예요. 그러니 주의 깊게 주변을 살피세요. 박물관을 둘
러볼 기분이 든다면 현대미술을 보러 퐁피두 센터(조르주 퐁피두 광장)로 가
봅시다.

퐁피두 센터를 구경하고 나서 광장 남쪽 길 건너에 있는 장 팅귈리와
니키 드 생 팔레의 ⟨스트라빈스키 분수⟩를 봐야 한다는 걸 잊지 마세요. 분
수 바로 옆에는 셰퍼드 페어리와 제프 아에로졸의 거대한 벽화도 있습니다.
그리고 근처 카페 중 한 곳에서 분수 주변 사람들을 구경하며 커피 시간을
가져 보세요. 드 리볼리가를 따라 센강 방면으로 향하면 59번지 건물 전면에
서 거대한 설치 예술 작품을 볼 수 있습니다. 이 건물에서 예술가의 작업실

을 방문하거나 진행 중인 전시회를 구경할 수도 있죠. 하지만 화요일부터 일요일까지 오후 1시에서 8시 사이에만 문 연다는 점을 기억하세요.

플뢱투아르(그로 카이유 선착장 2번지)에서 일몰을 즐기며 하루 일정을 마무리합시다. 아직 힘이 남아 있다면, 멋진 알렉상드르3세 다리(화려하게 장식된 다리라 그 자체로 감상하기 좋아요)를 건너며 그림 같은 센강변을 산책하길 권합니다. 다리를 건너 플뢱투아르에 이르면 스프리츠 한 잔을 마시고 1층에서 도시 예술 전시회를 둘러보시죠. 그러고 나서 잠시 2층의 서점에 들렀다가(제 책 3권도 여기 있어요) 제일 위층에 올라 일몰을 즐겨 보세요. ❋

후기

이 책은 우리의 에이전트인 르바인 그린버그 로스탄 사의 린제이 엣지 컴비와 편집자 섀넌 코너스 패브리컨트가 없었더라면 세상에 나오지 못했을 겁니다. 저자들의 계획을 정리하는 데 도움을 준 러닝프레스출판사의 아만다 리치먼드, 카라 쏜턴, 맬라니 골드에게도 감사의 말을 전합니다. 로건 힉스의 사랑과 지지에도 감사를 표하고 싶네요. 우리의 파리 현지 매니저들, 파스칼린 마자크, 바르베린 도르나노, 브리지트 오트푀유와 빌라 드 아르의 소피 켈레디장에게도 고맙다는 말을 해야겠습니다. 13구 구청장 제롬 쿠메, 친구이자 선지적인 예술가 크리스티앙 게미, 오 벨 뿔의 카롤린 세노의 도움에도 감사드립니다. J. F 베르겔과 수잔 완슬리는 베르겔의 조부 앙리 마에에 대한 이야기를 들려주었네요. 루브르의 시릴 구예트, 페스티벌 아메리카의 발레리 에테스, 위트니 와이스, 제시카 호, 필리 필리의 다비드, 세바스티앙 르프랑, 줄리앙 페핀스터, 세일러 힉스, 대니엘 짐머와 신디 짐머도 도움을 주셨습니다. 위 모든 분께 깊이 감사드립니다.

로리 짐머

로리의 말에 전적으로 동의해요! 린제이와 섀넌, 환상적인 출판사의 편집진들에게 다시 한번 감사드립니다. 이 작업을 마칠 수 있도록 항상 격려와 지원을 아끼지 않는 가족, 친구들에게도 고마움을 전합니다. 마지막으로 제 오빠 개리. 개리, 어떤 일이 있더라도 항상 즐겁게 임할 거라고 약속해요.

마리아 크라신스키

저자와 일러스트레이터에 관하여

　　로리 짐머Lori Zimmer는 는 뉴욕에 거주하는 작가이자 미술 큐레이터, 아마추어 역사가입니다. 지금까지 5권의 책을 썼어요(《아트 하이딩 인 파리》,《아트 하이딩 인 뉴욕》,《로건 힉스: 여전히 뉴욕Logan Hicks: Still New York》,《스프레이 페인트의 예술The Art of Spray Paint》,《골판지의 예술(The Art of Cardboard》). 짐머는 여행과 음식, 예술가들의 권리 문제에 열정을 가지고 있습니다. 저작권 침해 소송에서 법률 회사 쿠쉬니르스키 거버Kushnirsky Ger-ber PLLC를 위해 예술가 측 대리인으로 자문 역할을 하고 있어요.

마리아 크라신스키|**Maria Krasinski**는 일러스트레이터이자 디자이너, 아코디언 연주자 지망생입니다. 시카고, 트빌리시, 파리, 워싱턴 DC 등에서 다양한 문화 교류, 예술 교육, 사회 참여 프로젝트들을 위해 일했습니다. 가장 최근에는 텔레비전 퀴즈쇼인 〈제퍼디 **Jeopardy**〉에서 프랑스 미술사(!)에 관한 문제 하나를 못 맞추는 바람에 2등을 했답니다.

MARIA & LORI
KRASINSKI ZIMMER

옮긴이 문준영

연세대학교에서 서양사와 철학을 전공한 뒤 영국 런던 대학교에서 이탈리아 근현대사와 파시즘의 역사교과서 연구로 석사와 박사학위를 받았다. 현재는 한국외국어대학교와 대전예술고등학교에서 이탈리아 문화와 역사, 유럽 문화예술 전반에 대해 강의하고 있다. 파시즘 시대를 중심으로 19~20세기 이탈리아 문화계와 지성계의 역사관 및 역사해석을 주로 연구한다. 이탈리아 작가 쿠르치오 말라파르테의 『쿠데타의 기술』에 해제와 감수를 맡았고, 『진보주의 교육운동사』를 함께 우리말로 옮겼다. dormire@live.co.kr.

아트 하이딩 인 파리

초판 1쇄 발행 2023년 7월 28일

글 로리 짐머 **일러스트** 마리아 크라신스키 **옮긴이** 문준영

펴낸이 이세연
편집 윤현아 **디자인** 빠라빠라밀스튜디오
제작 npaper

펴낸곳 도서출판 헤윰터
주소 (04091) 서울특별시 마포구 토정로 222 한국출판콘텐츠센터 301-1호
이메일 hyeumteo@gmail.com **팩스** 0506-200-1735

ISBN 979-11-980161-1-9(03920)

- 값은 뒤표지에 있습니다.
- 잘못 만들어진 책은 구입하신 서점에서 바꿔드립니다.

———

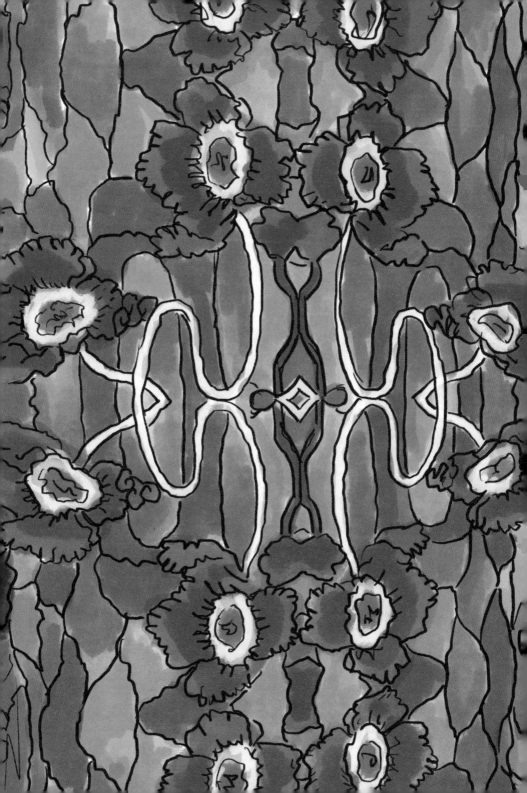